最悪の状況を乗り切る100の方法

サメに襲われたら鼻の頭を叩け

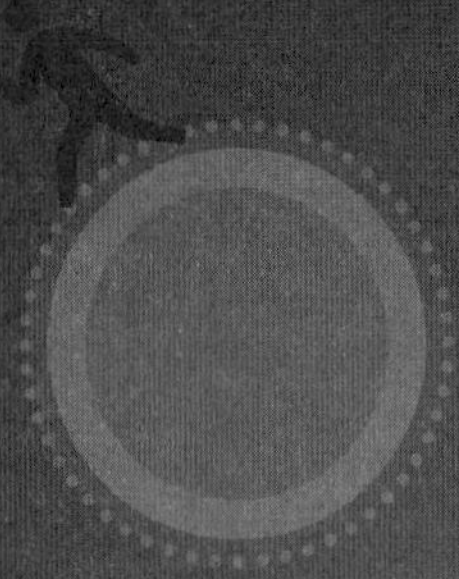

はじめに

この世の中には危険がいっぱい！


道を歩いていたら、野犬に襲われるかもしれない。

シュレッダーにネクタイを巻き込まれ、窒息死寸前になるかもしれない。

浮気相手へのメールを、間違って恋人に送ってしまうかもしれない。

車を走行中、突然ブレーキが利かなくなるかもしれない。

今日にも、自分の家の上に核爆弾が落とされるかもしれない。


どんな危機的状況に出くわすか、わかったもんじゃない。

――この長き人生、

本書では、そんな人生のあらゆる危険に出くわしたとき、適切に回避し、
乗り切るための「サバイバル術」を紹介している。

身近な日常生活に潜む危険から、事故や事件、自然災害、さらには未知との遭遇まで――。

どんなに最悪な状況でも、必ず助かる方法はある。あきらめたら、そこで終了だ。

最後まで、希望を捨てるな！

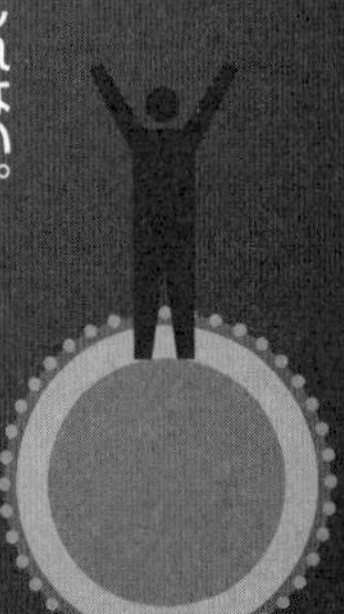

人生サバイバル研究会

本書の見方

本書の構成

- Level.1 …… まだまだ助かる!　日常に潜むピンチなシチュエーション
- Level.2 …… けっこうヤバい!　下手すりゃ危ない冷や汗状態
- Level.3 …… そろそろ命が危ない!　決死の思いで乗り切るケース
- Level.4 …… 死はすぐ目の前!　それでも生き抜く必死の事態
- Level.5 …… こんなの無理でしょ!　生死の境をさまよう緊急状況

チャートの見方

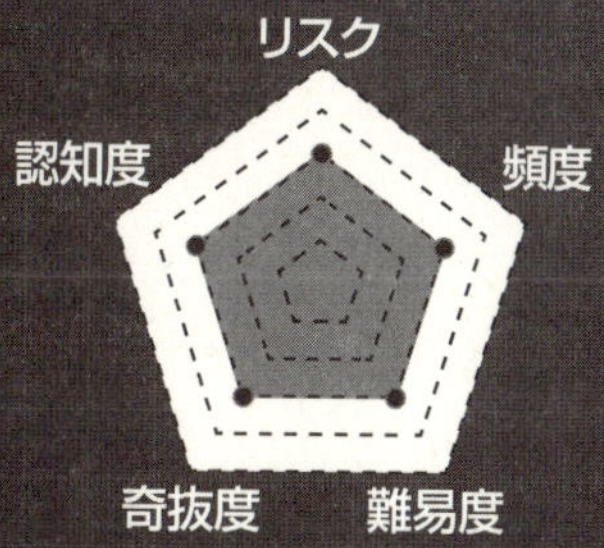

◇リスク = サバイバル術がどのぐらい危険なのか

◇頻　度 = サバイバル術を使うシーンはどのぐらい多いのか

◇認知度 = サバイバル術がどのぐらい知られているのか

◇難易度 = サバイバル術がどのぐらい難しいのか

◇奇抜度 = サバイバル術がどのぐらいヘンなのか

注意　本書に掲載している応急処置法は、数ある対処法の一説です。その効果には個人差があり、例外も多々ありますのでご了承ください。また、応急処置を施した後は専門の病院へ行き、最善の治療法をお求めください。

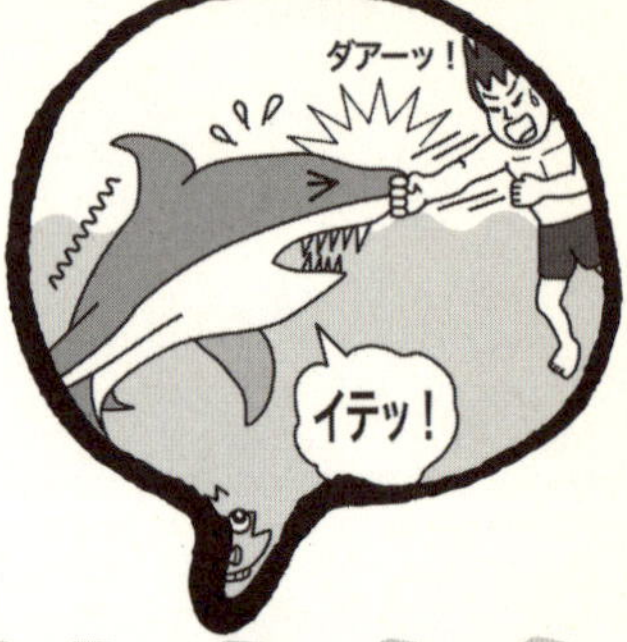

サメに襲われたら 鼻の頭を叩け

目次

LEVEL 1 まだまだ助かる！ 日常に潜むピンチなシチュエーション

目次

目次

LEVEL 5 こんなの無理でしょ！ 生死の境をさまよう緊急状況

COLUMN 勘違いサバイバル術

目次

サメに襲われたら鼻の頭を叩け

最悪の状況を
乗り切る
100の方法

最悪の状況を
乗り切る
100の方法

LEVEL 1

まだまだ助かる!
日常に潜むピンチなシチュエーション

緊急事態発生!!

スズメバチに刺されたら

ハチの毒をアンモニアが中和してくれるというのは迷信だ。写真／By onezilla

スズメバチに遭遇したら――。まず、黒い服を着ている人は要注意。天敵のクマと間違われ、攻撃される可能性が高い。香水をつけている人も危険だ。ハチのフェロモンと間違えられ狙われやすい。

ハチが「カチカチ」とアゴを鳴らし始めたら、「攻撃準備完了」の合図。襲ってくる前に逃げ出そう。スズメバチは自分より低い場所は見えないので、逃げる際は姿勢を低くするのがコツだ。

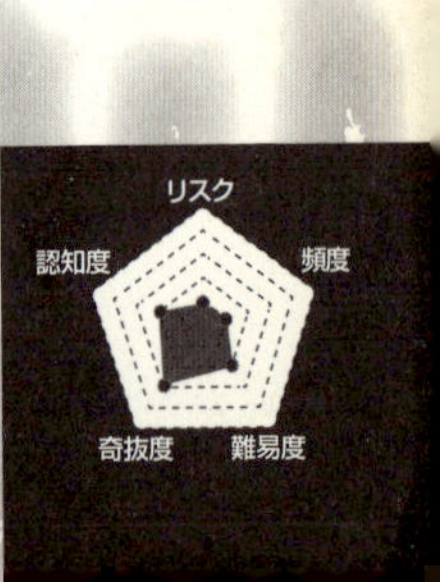

患部にお茶をぶっかけろ

おしっこをかけるのは効果ゼロ！

　運悪く刺されたら、強い毒によりショック死に至るケースもあるため迅速な処置が必要となる。この際、反射神経でスズメバチを振り払うのは禁物。「攻撃を受けた」と判断したスズメバチが仲間を呼び、集団攻撃されるおそれがある。

　刺された後は、患部を指で押すか器具を使って毒を絞り出すべし。口で吸い出すと、口内の傷から毒が回ってしまう。毒抜き後は傷口を水で流し、お茶をかけるのが賢い方法。お茶に含まれるタンニンが、毒を不活化してくれる。中でも、「番茶」はタンニンが多く含まれているのでおすすめだ。

　ちなみに「患部におしっこ」という方法は、実は効果ゼロ。応急処置で不快な思いをしないために覚えておこう。

たくさんのタンニンを含む番茶は、山へ行くときの必携品かも!?

ごめんね～
番茶
番茶はタンニンの量が多い！

緊急事態発生!!

耳の中に虫が入ったら

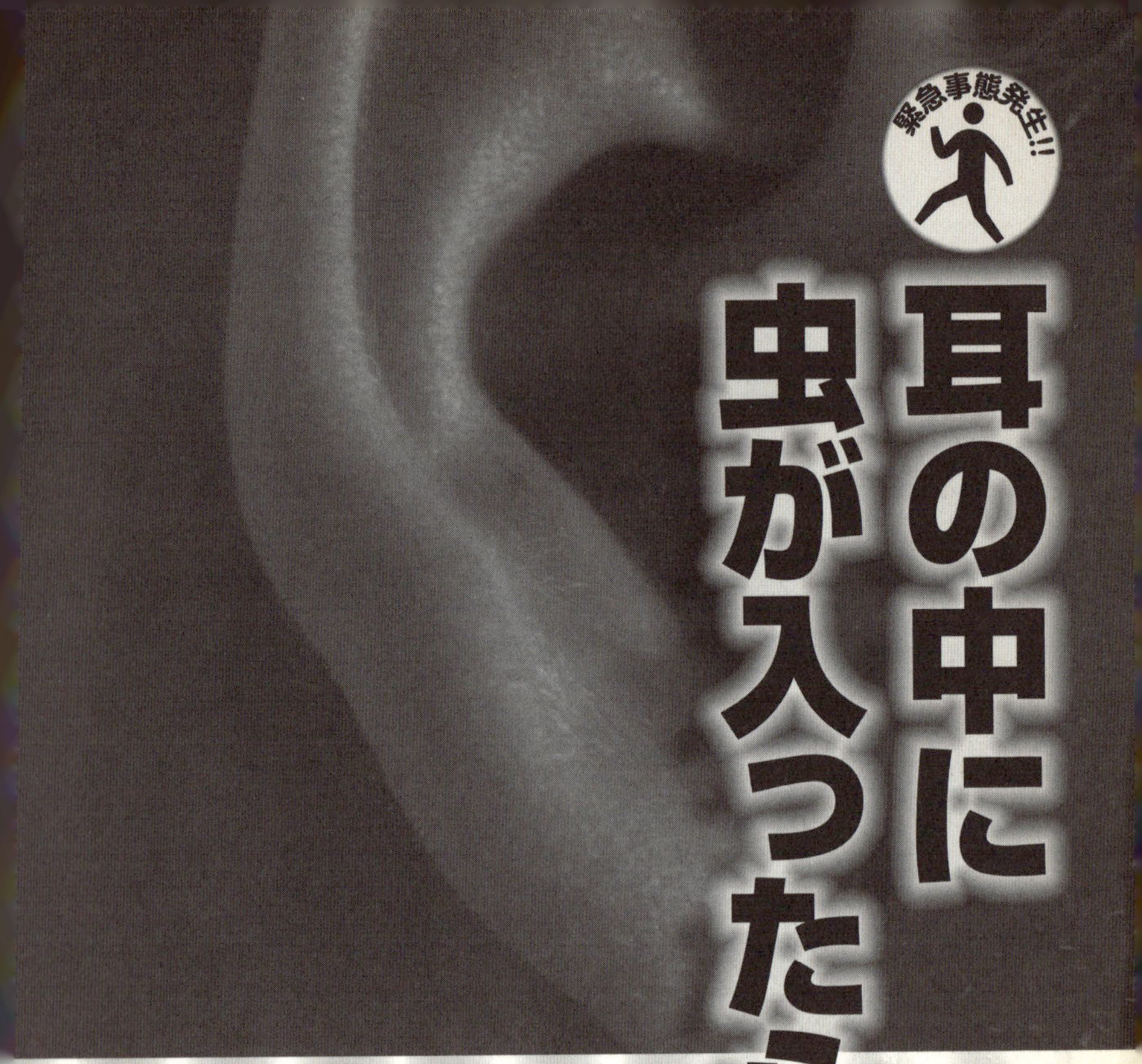

懐中電灯を使えば即座に外へおびき出すことができる！　写真／By Bryan Gosline

耳の中でゴソゴソと音がして、何かが動いている様子……。何かの拍子に、耳の中に虫が入りこんだに違いない。

　耳掃除をさぼって不潔な状態だったり、耳の中が膿んで異臭が放たれているとき、コバエなどの小さな虫は「見～つけた」とばかり、耳穴の奥へ入ってくる。鼓膜に穴でも開いていない限り、ヤツらは外耳道までしか侵入できない。だが、途中でとどまり、外に出てこなくなったら厄介だ……。

LEVEL 1

懐中電灯の光を耳にあてろ

明るい方へ向かう虫の習性を利用しろ！

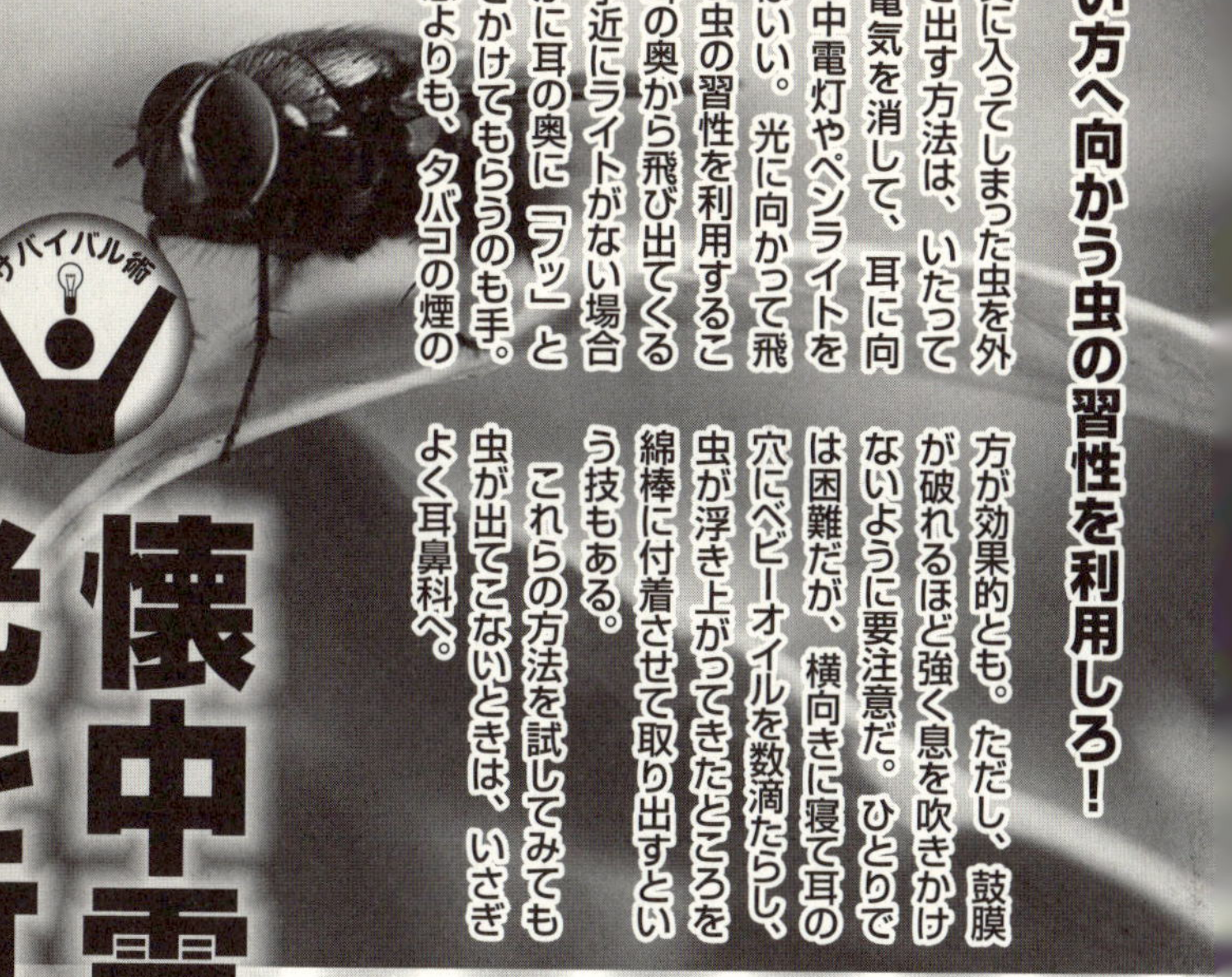

耳の奥に入ってしまった虫を外におびき出す方法は、いたって簡単。電気を消して、耳に向かって懐中電灯やペンライトをあてればいい。光に向かって飛ぶという虫の習性を利用することで、耳の奥から飛び出てくるはず。手近にライトがない場合は、誰かに耳の奥に「フッ」と息を吹きかけてもらうのも手。普通の息よりも、タバコの煙の方が効果的とも。ただし、鼓膜が破れるほど強く息を吹きかけないように要注意だ。ひとりでは困難だが、横向きに寝て耳の穴にベビーオイルを数滴たらし、虫が浮き上がってきたところを綿棒に付着させて取り出すという技もある。

　これらの方法を試してみても虫が出てこないときは、いさぎよく耳鼻科へ。

コバエや蚊以外にも、ゴキブリが耳の中から発見されることも……。写真／By VinothChandar

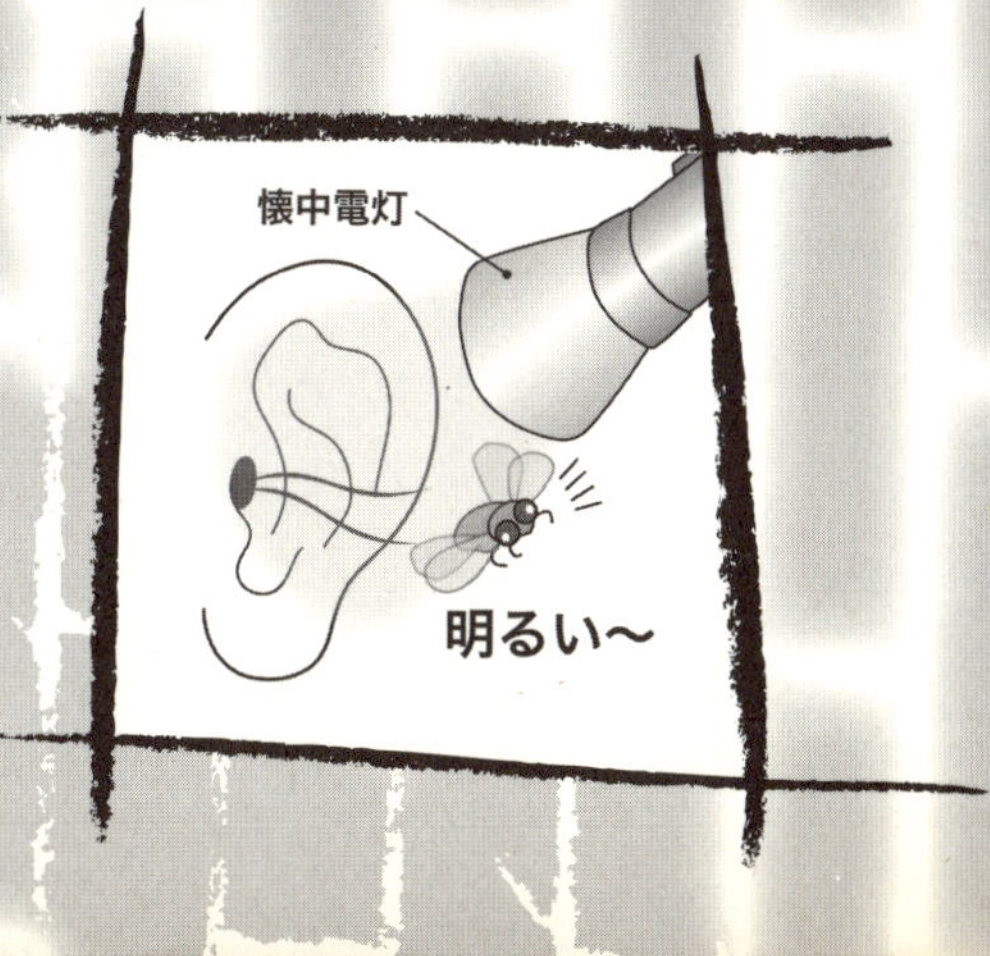

緊急事態発生!!

怒り心頭のクレーム電話を取っても

サービス向上につながると思って前向きかつ丁寧に応対するよう心がけること。

電話のクレーム対応は、サービス業に就いている人の多くに経験があるだろう。怒っている相手に、矢継ぎ早に文句を言われる。このときの対応によっては、会社、あるいは店全体を巻き込む大騒動に発展しかねない。電話の相手に怒られたあげく、上司からも怒られるという悲惨なことになってしまう。最悪の場合、クビにつながることだって……。こんなときの正しい対処法とは？

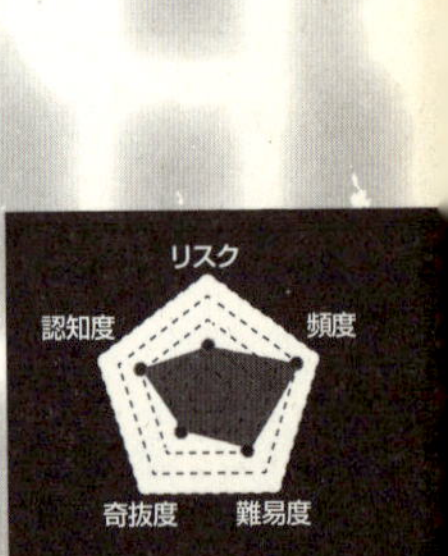

一番やってはいけないのが、受け取ったこちらも怒ってしまうこと。

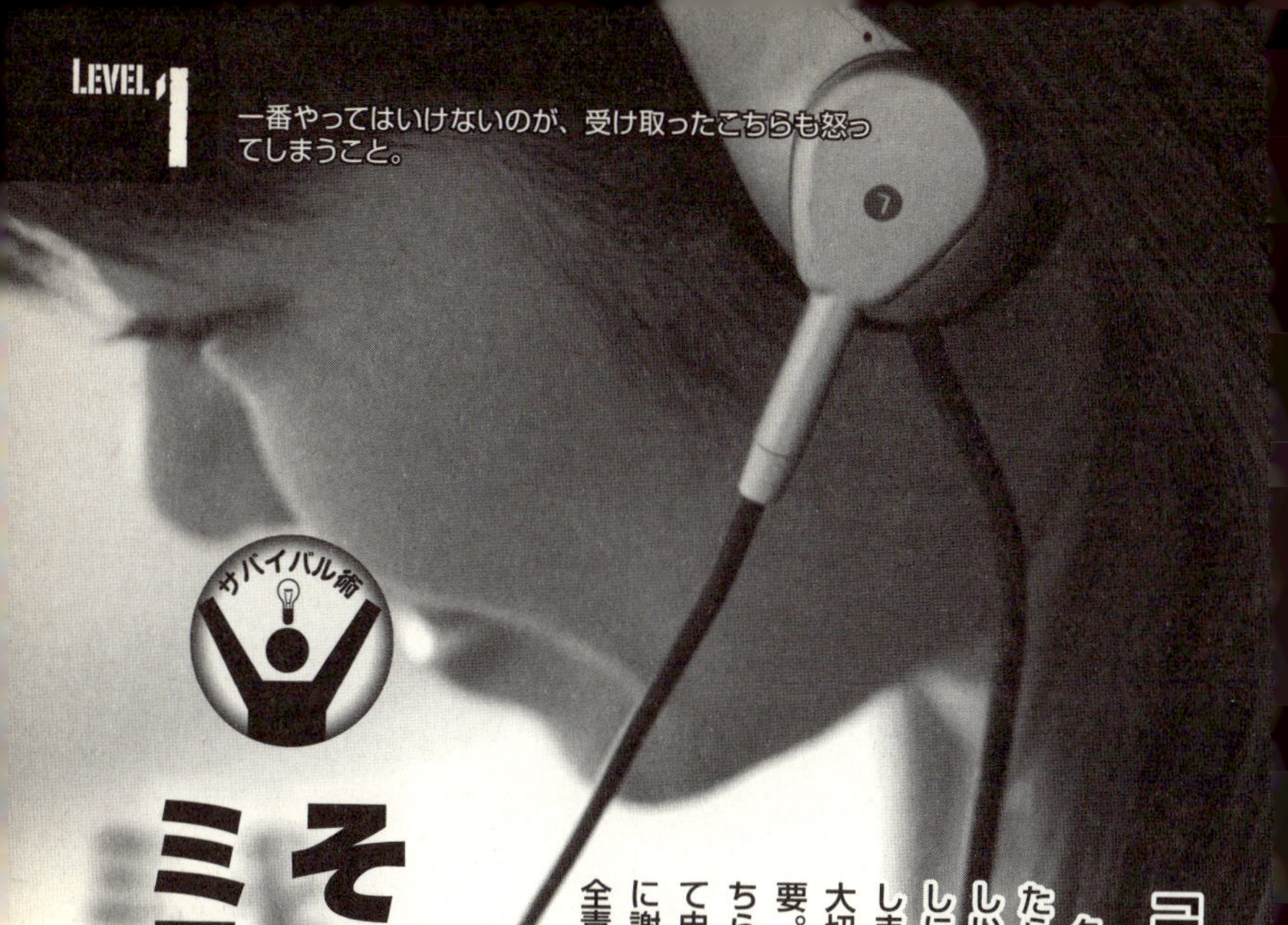

サバイバル術

その場で全面的にミスを認めるなかれ

「不快な思いをさせた」ことだけ謝るべし

クレームの電話を取ってしまったら、即座に誰かと交代してほしい気持ちになるが、たらい回しにすると余計に相手は怒ってしまう。まずは謝罪することが大切だ。しかしここで注意が必要。クレーム内容に対し、「こちらのミスでご迷惑をおかけして申し訳ありません」と全面的に謝ってはいけない。それでは全責任を認めることになるので、余計に大きな問題へと発展してしまう。

謝罪するのは、「不快な思いをさせた」「時間をとらせてしまった」という限定的な部分のみ。それから、できるだけゆっくりと相手の話を聞こう。そうしている間に、相手も少しずつ落ち着いてくる。あとは自分で対処できる問題かそうでないかを判断して、責任者に取り次ぐべし。

激辛料理で舌が麻痺したら

激辛料理の刺激で、舌の細胞が破壊されることも。
写真／By avlxyz

美味しそうに激辛料理を食べる人を見れば、思わず試したくなるもの。だが、度を越えてしまい、辛い料理にギブアップする人も少なくない。

激辛料理を食べると、口から火が出そうな感覚になりプチパニック。しかも、舌がしびれ、しばらくの間はほかの食べ物の味もわからなくなってしまう。すばやく口の中を普通の状態に戻す裏ワザは、ないものだろうか？

カロリーが気になる人は、最初から激辛料理を控えた方がいいかも……。

サバイバル術

砂糖をひとサジなめるのが一番いい

甘味で舌の感覚を取り戻せ!!

辛さでパニックになったときは、砂糖をひとサジなめるのが効果的。これは、辛い食べ物を頻繁に食べるアジアの国々で知られている方法だ。人の舌は、甘味、酸味、苦味、塩味を感じることはできるが、いわゆる辛味は痛覚として脳に伝えられる。辛い物を食べたあとに、味覚が麻痺してしまったら、砂糖の甘味によって舌の感覚を取り戻せばいいのだ。

カレーと一緒に福神漬けやらっきょうを食べるのも、味覚を取り戻す効果がある。また、インドカレーとラッシー(ヨーグルトドリンク)が好相性なのも、そうした理由によるものだ。

ちなみに「辛い物を食べる前に牛乳を飲むといい」と言われるのは、胃粘膜を激辛の刺激から保護するためである。

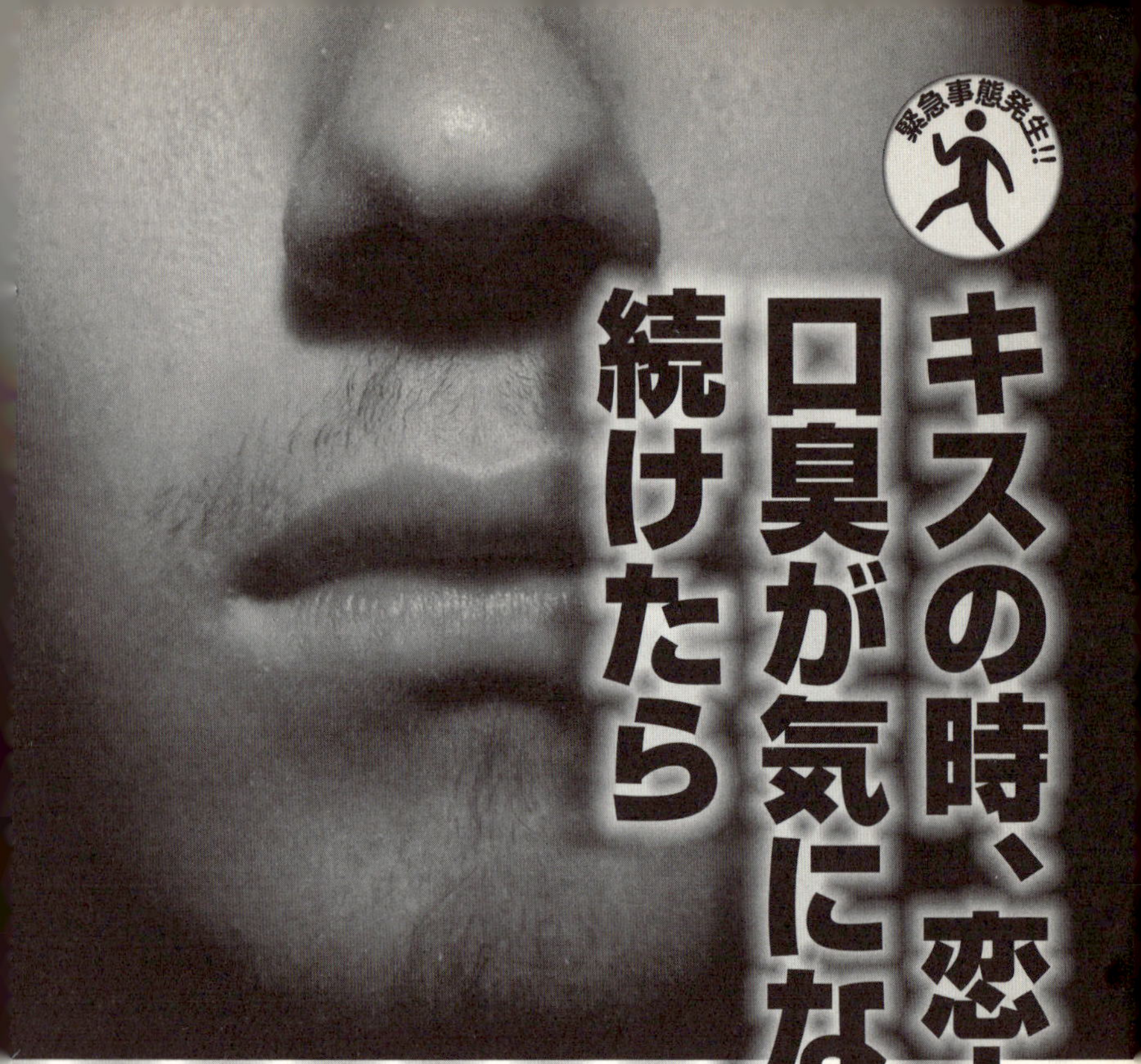

キスの時、恋人の口臭が気になり続けたら

自分では気付きにくい口臭。指摘してくれる人は本来、ありがたい存在のはず。写真／Marcus Q

付き合って半月、ついにやって来た恋人とのファースト・キス。「今だ!」と決心して目をつぶり唇を近付けると、鼻を突くような異臭が。ニオイの元は、なんと恋人の口……。恋人の口臭をガマンしてキスすべきか、サッとよそ見をしてはぐらかすべきか……。でも、キスを拒んだりしたらせっかくのムードが台無しになるどころか、関係にヒビが入るかも。そんなとき、どうしたらいいの？

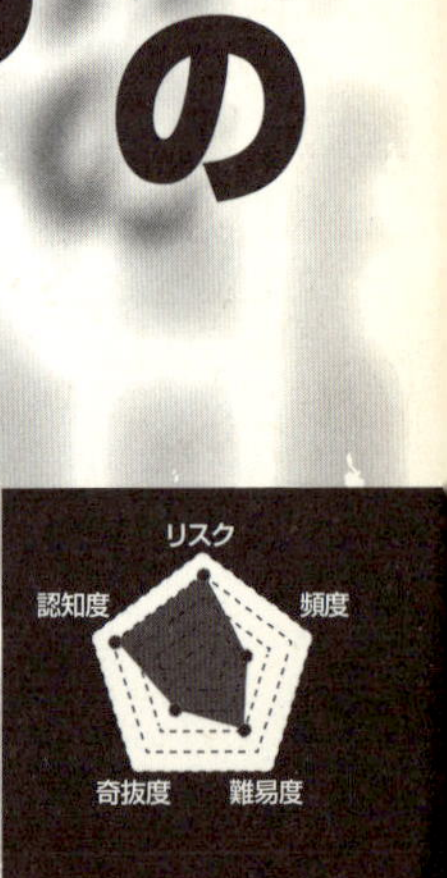

LEVEL 1

恋人がよそで恥をかかないようにするため、口臭を指摘してあげるのも愛ゆえの優しさだ。
写真／Pedrosimoes7

サバイバル術

自分も口臭を気にしてるフリをして相手に伝えよ

内臓の病気が原因で悪臭を放つ場合も

キスの瞬間の口臭は、愛の力でひとまずガマンするのが賢明だろう。しかし、その後も長い付き合いになる相手だからこそ、何らかの方法で「ニオイが気になる」と伝えたい。

たとえば、自分が口臭を気にしている振りをして、歯ブラシ売り場へ連れ出し「一緒に口臭に気をつけよう」と呼びかけるのも手。歯磨きが足りなくて口が臭いだけならいいが、下手をすると内臓の病気が原因で悪臭を放つ場合もある。

前々から口臭が気になっていたとしても、「最近、口臭が変わってきたみたい」という前置きで「健康が心配だから」と、口が臭うことを優しく伝える方法もある。ただしデリケートな問題なので、言葉選びとフォローには気をつけて。

緊急事態発生!!

包丁で指を切ったら

切り傷は、水道水で患部を洗ってラップを巻いておくだけでいい！　写真／By Wouter Verhelst

火や油を使い、鋭利な器具も多い台所は、危険がいっぱい。気をつけていても怪我や小さな事故は起きてしまうものだ。

不慣れな料理に挑み、包丁で指に切り傷を作ったことのある人も多いだろう。そんなときは、救急箱を探してダッシュ！　消毒液と絆創膏で傷口を処置する——という応急手当が知られているが、もっと簡単に早く、しかも台所にあるモノで処置できることをご存知だろうか。

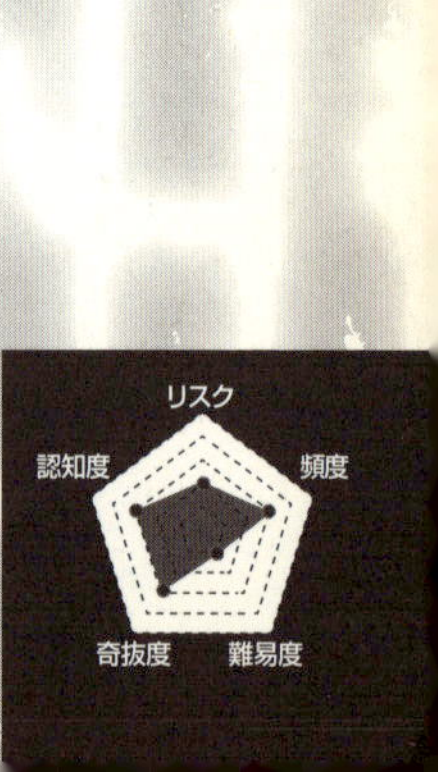

LEVEL 1

サバイバル術

患部を洗ってラップを巻け

消毒液+絆創膏は逆に治りが遅くなる!?

以前は患部を消毒するのは当然とされていたが、最近ではケガを治すべく活発に働く細胞まで殺してしまうとも言われている。また、絆創膏についているガーゼは、回復に必要な滲出液を吸収してしまうため、治癒を遅らせる一因にも。

つまり、切り傷に対して消毒液+絆創膏で手当てするのは、かえって治りを遅くしている可能性もあるのだ。

そこでぜひおすすめしたいのが、ラップ療法。患部を水洗いした後、ラップを巻きつける方法で「閉鎖湿潤療法」「うるおい療法」とも呼ばれる。この処置方法なら細胞の働きを邪魔せず、患部をウェットに保つことが可能。そして何よりも、救急箱を探さずとも台所ですぐに処置できるのがいい。

大きなスリ傷を作ったときにもラップで患部をウェットに保てば早く治る。写真／By Kevin Lawver

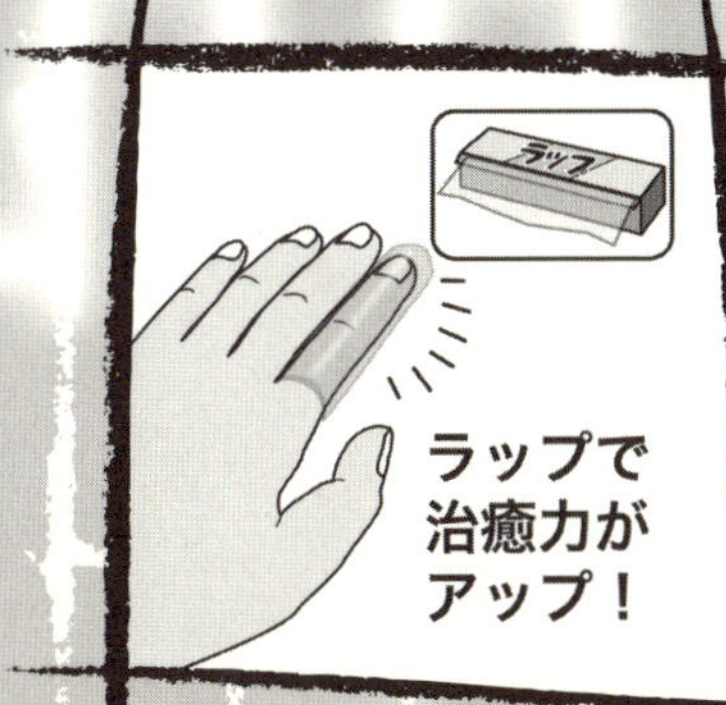

緊急事態発生!!

人前でおならをしたら

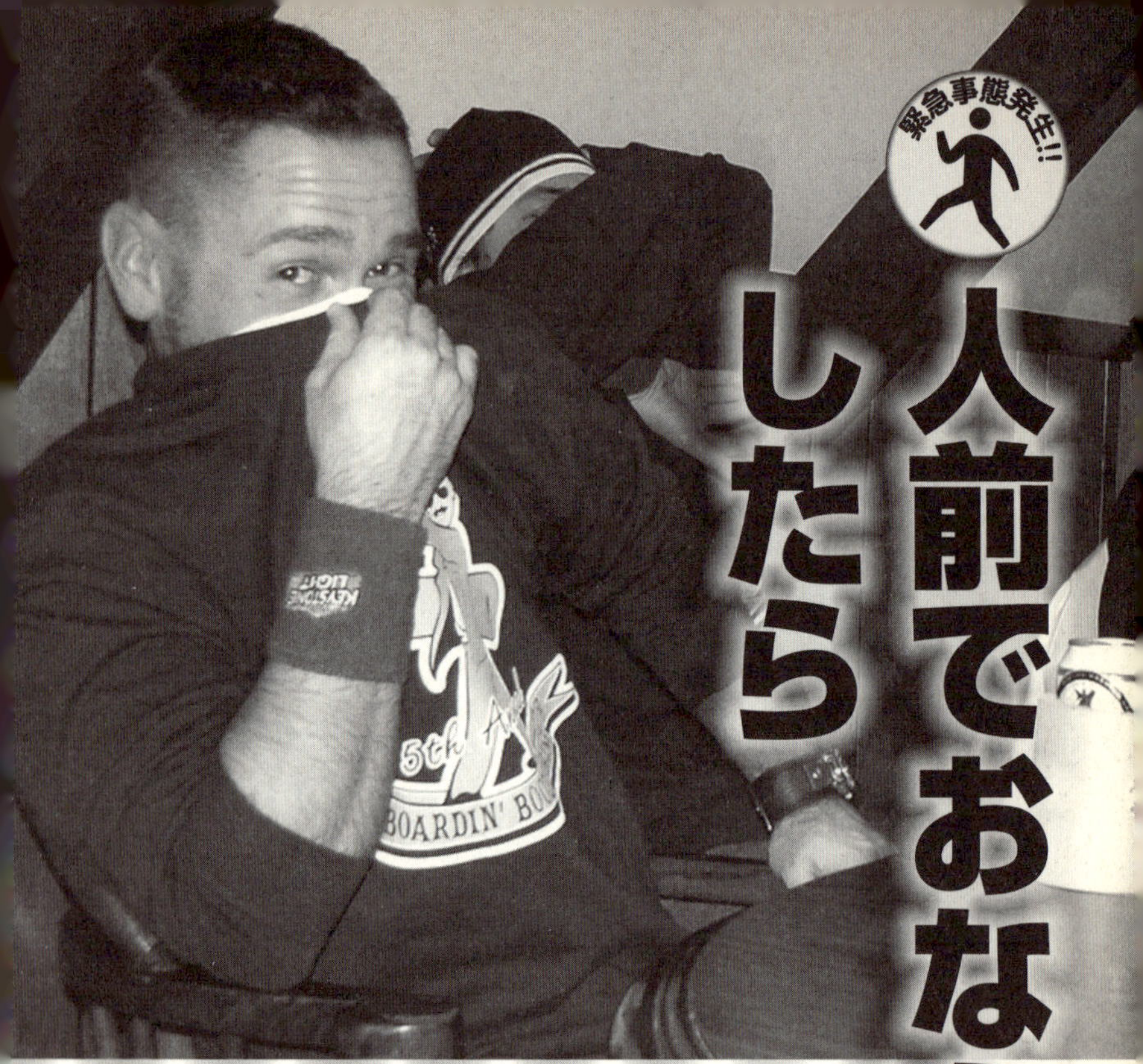

おならが出る原因は、腸の不調や睡眠不足のほかストレスの場合も。写真／By bradleypjohnson

ガマンしていたつもりが、一瞬気がゆるんだスキに「ブーッ!!」。人間なら誰にでもある生理現象とはいえ、大事な場面で、しかも大勢の前だったりしたら、赤面するやら逃げ出したいやら、いてもたってもいられなくなる。この先の自分の立場にも影響するのでは……と不安を募らせるうち、またお腹が張ってきたり(泣)。そんなおならのトラブルは、どう対処すればいい?

LEVEL 1

食生活の改善等でおならは減らせるが、心因性の場合は心療内科に相談すること。写真／ By bradleygee

サバイバル術

素直に告白して逆に好感を上げよ

「すみません、出ちゃいました」と笑いを取れ！

世の中には聞かなかったことにしてくれるオトナも多い。だがその後ずっと、自分と周りとの間に微妙な空気が流れることは間違いない。しかも、臭いがすごかったら忘れようにも忘れられなくなる。

　こういう場合、いっそ自分の非を認めて「すみません、出ちゃいました」とカミングアウトした方が◎。その方が後の関係も円滑になるし、笑いがとれるかもしれない。あるいは、〝正直なやつ〟として好感度が高まる可能性もある。

　連発するのはエチケット違反だが、誰しもが人前でおならをガマンするという経験があるからこそ、正直な告白を笑って許してくれる人も多いはず。逆に、もし他人のせいにしようものなら信用を落としかねない。

緊急事態発生!!

イザというときに勃たなくても

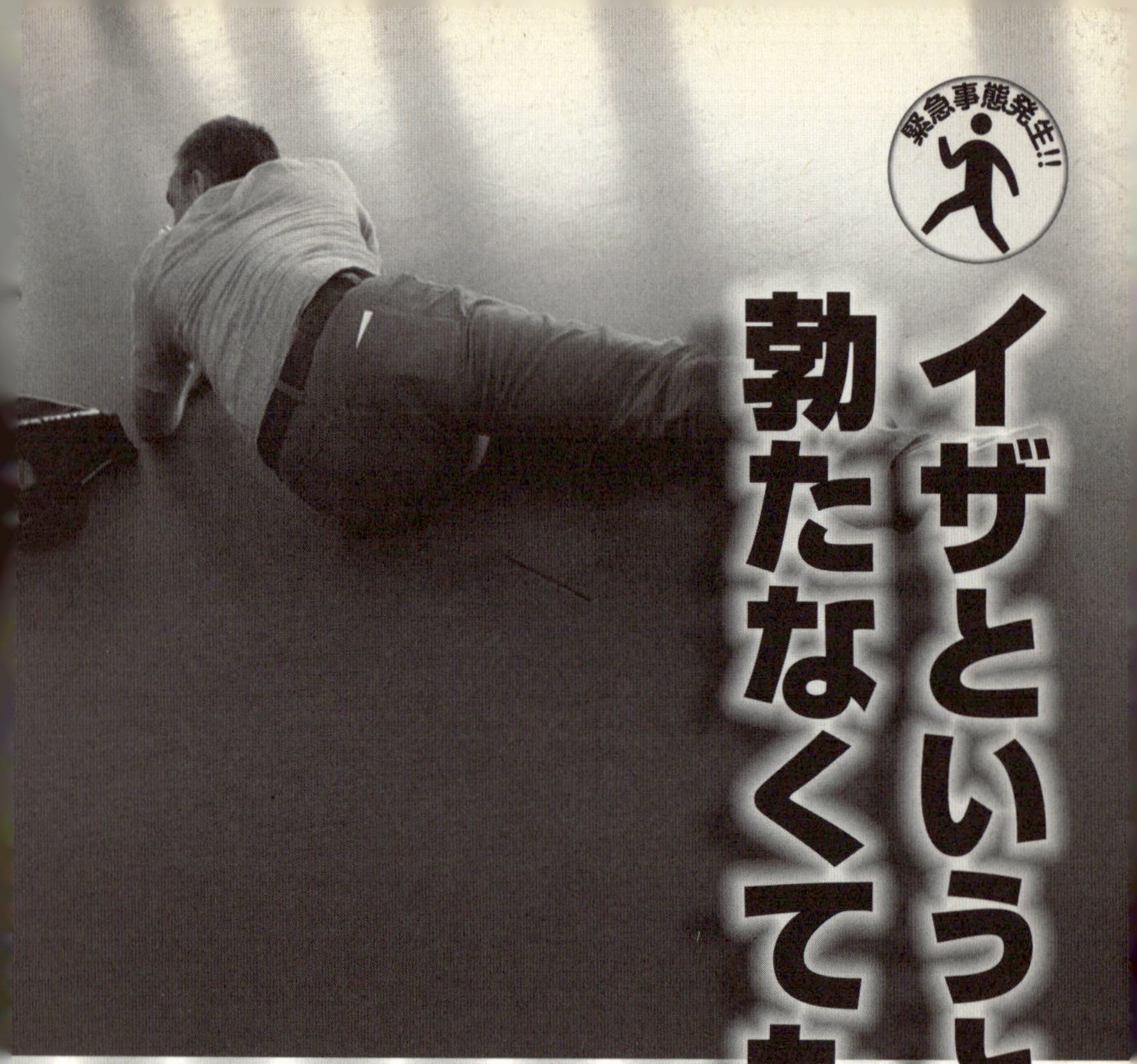

男女関係を悪くしないためにも、アソコは萎えても心は萎えるな！　写真／By Harry-[The Travel]-Marmot

普段は勃つ、直前までは勃っている。でも、いざ挿入するとなるとなぜか萎えてしまう（泣）。

こうしたトラブルは突然、やって来る。さらに相手から「私に魅力がないの？」とせまられ、ふがいない自分にショックを受けて精神的に病んでしまうことも。勃起障害に悩むのは、比較的性欲の薄い草食系男子に多いという。そんな悩める男子たちのために、何かいい解決法はないの？

LEVEL 1

勃たないときは、挿入なしのプレイでも愛を育むことは可能。

サバイバル術

焦ると逆効果

気にしない、気にしない。

男性の機能はとってもデリケートなんです！

男性の勃つ・勃たないは、疲れや飲酒といったコンディションに左右されるもの。「彼女を満足させられなかったらどうしよう」といった緊張も加わり、挿入の寸前に萎えてしまうのは珍しくない。その結果、彼女と気まずい雰囲気になり、次のベッドインのときに「今日はできるかな？」という不安からまた萎えてしまう。そしてさらに気まずくなり……と、負のループを繰り返す。また、妊娠の心配から、脳が勝手にセックスを拒否するターンオフ現象が起こることも。対処法としては「勃たないこともある」くらいのおおらかな気持ちで、気にしないのが一番。もちろん、彼女の理解も必要だ。でも、勃たないことが長く続いて心配なときは専門医に相談を。

緊急事態発生!!

大人数を前に緊張したとき

これまで多くの人が「人の字を飲む」で救われてきただろう。写真／By alexbarrow

結婚式のスピーチや得意先へのプレゼン、趣味の習い事の発表会等々、たくさんの人の前で発表するといったシチュエーションは、たびたび訪れる。

特別、シャイなわけではないが、大勢の前に立つと極度に緊張して頭がまっ白になってしまう。さらには、手足の震えがおさまらない、寒気に襲われる、胸やけがするといった症状が現れることも。そんな局面、どうやって乗り切ればいい？

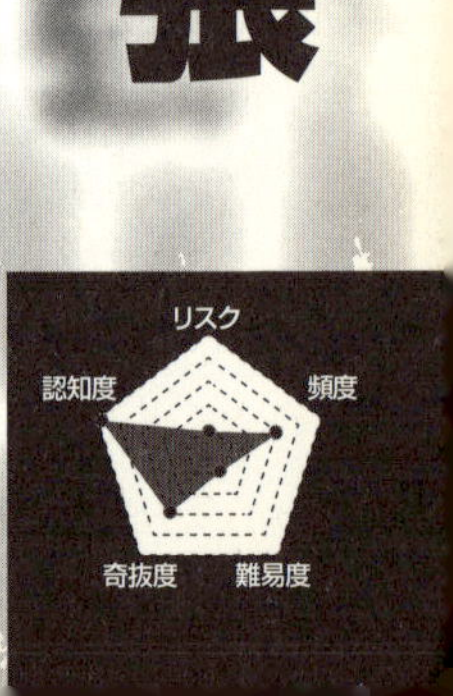

サバイバル術

手のひらに「人」と書くのは医学的に根拠あり！

あのまじないは単なる迷信にあらず

日本では、緊張をほぐすために「手のひらに"人"の文字を3回書いて、飲み込む動作をする」というまじないが知られている。これは、「相手を飲むことで、自分は相手に飲まれないようにする」という迷信からきたもの。

「冗談みたいな方法だが、東洋医学のツボ療法の見地からすると、その効果はバカにできない。

手のひらの中央には、「労宮」という心を落ち着かせるツボがある。「人」の字をなぞると、何と自然と労宮を刺激することになるのだ。手のひらの中央を親指でグイグイ押すのもいいだろう。また「人の字を飲む」というまじないは、普段は絶対にしないような動作をすることで、緊張をやわらげリラックス状態になるという効果も。

薬指を曲げたとき、ちょうど先端があたる部分に労宮がある。写真／By pizzodisevo

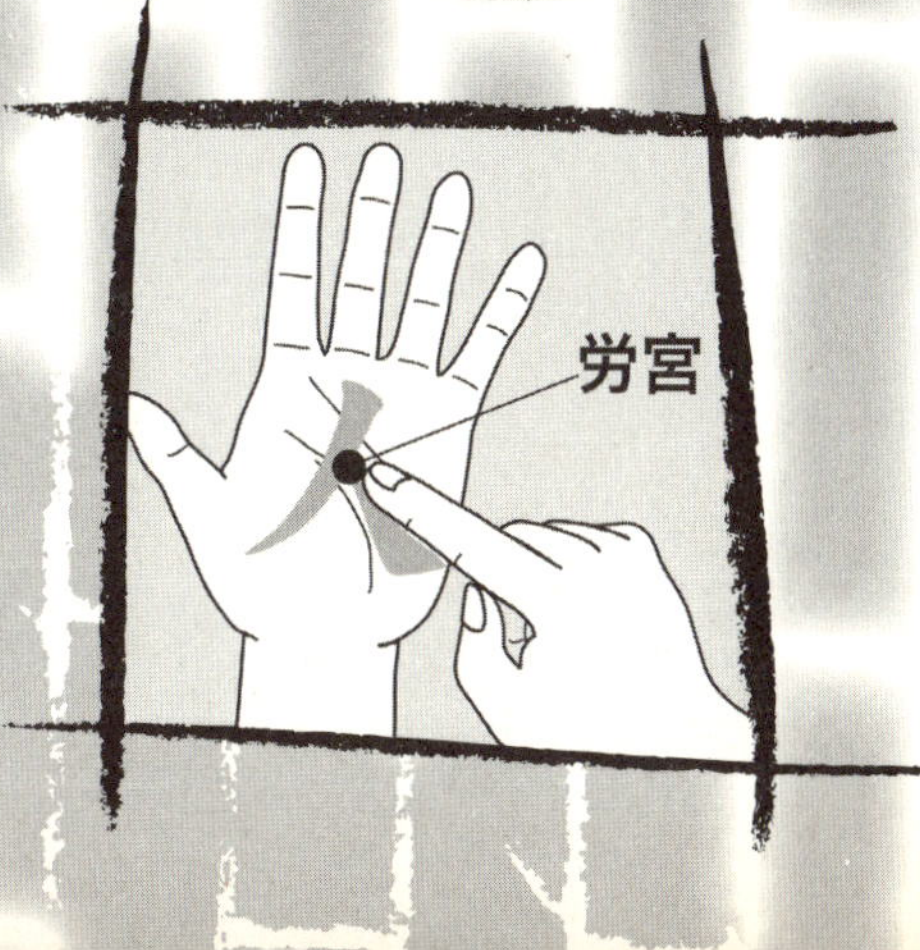

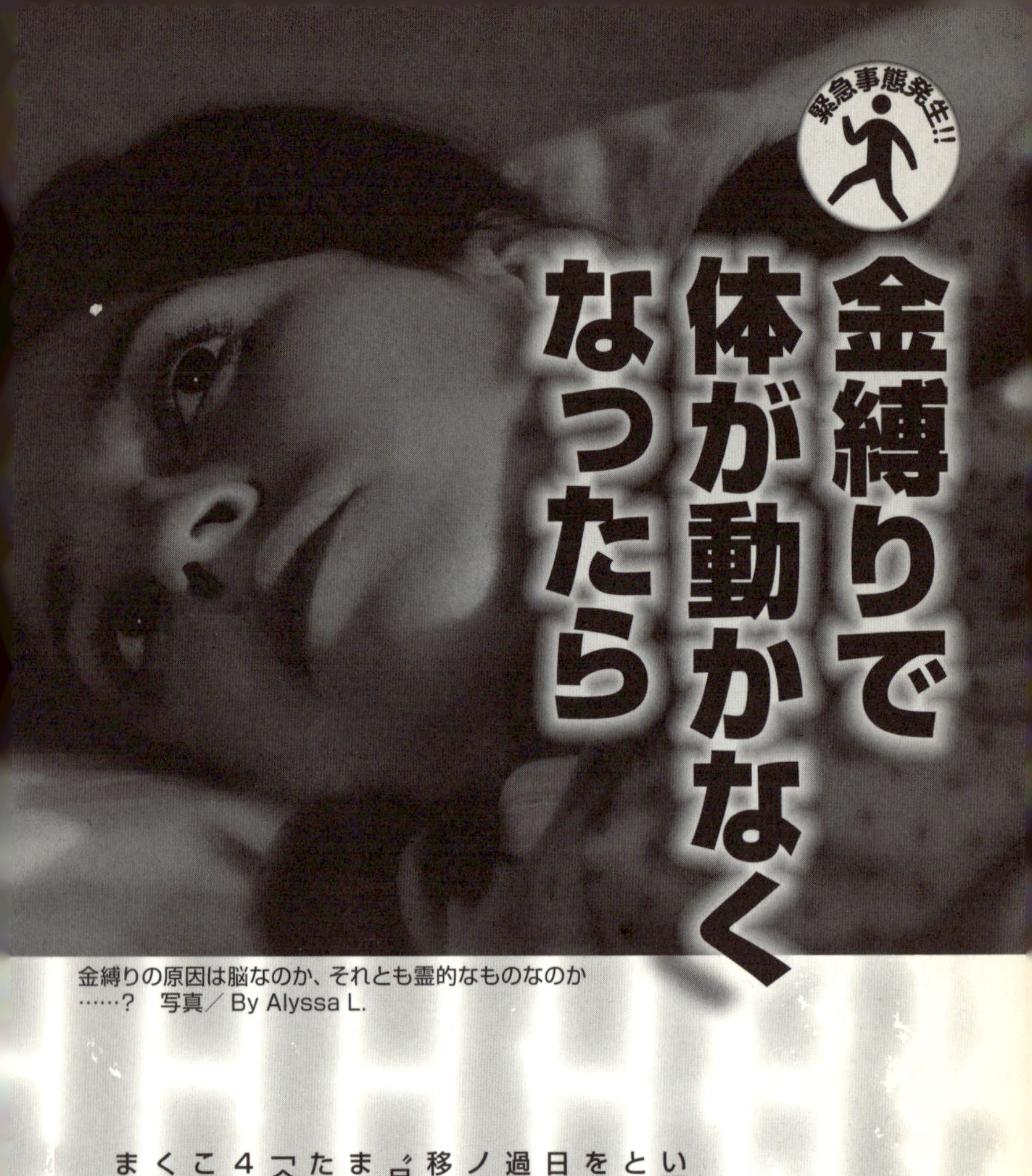

緊急事態発生!!

金縛りで体が動かなくなったら

金縛りの原因は脳なのか、それとも霊的なものなのか……？　写真／By Alyssa L.

人は眠っている間に、深い眠りの「ノンレム睡眠」と浅い眠りの「レム睡眠」を繰り返す。ところが、日頃の睡眠不足や前日の過度の運動などが原因で、ノンレム睡眠とレム睡眠の移行がうまくいかないと〝目が覚めているのに体がまったく動かない〟といった感覚になる。これが「金縛り」だ。金縛りは4〜5割の人が経験したことがあるという。珍しくはないが、対処法はあまり知られていない。

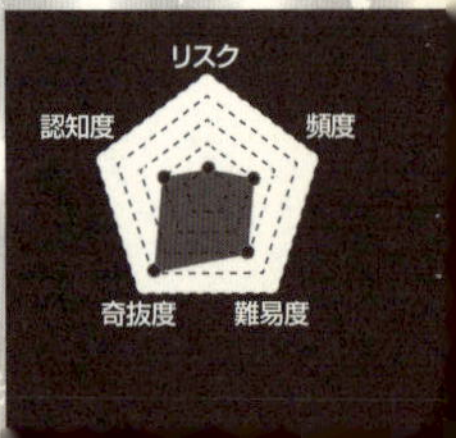

霊に対し、「立ち去れ！」と念じるのも効果的との説も。
写真／By Wiros

眼球や指先に意識を集中！

指や眼が動けば金縛りはとけるはず！

金縛りは、医学的には「睡眠麻痺」と言われ、原因も解明されている。幻覚や錯覚におちいる場合もあるが、それは脳のイタズラ。指先や眼球など、少しでも動かせる場所を探して意識を集中させながら動かすことで「パッ」と金縛りから開放されるのだ。

一方、「金縛りの原因は霊的なもの」とする説も根強い。“霊が原因”と信じる人たちは、金縛りに遭うと「南無阿弥陀仏」と唱える。体が少し動くようになったら「おん あぼぎゃ べいろしゃのう まかぼだら まにはんどまじんばら はらばりたやうん」と真言を唱えて霊を成仏させる、というのが方法だ。ただし、南無妙法蓮華経や般若心経は、霊力がない人が唱えると逆効果だという。

緊急事態発生!!

ドッペルゲンガーを見たら

リンカーンや芥川龍之介は、ドッペルゲンガーを見た後に死んだと言われるが……。写真／By Verano y mil tormentas.

科学的に解明されていないものの、「自分にそっくりな人を目撃した」という事例が数多く報告されている。

この自分にそっくりな存在は「ドッペルゲンガー」と呼ばれ、二重・分身という意味のドイツ語「doppel（ドッペル）」から生まれた言葉だ。それを見ると、「近いうちに死ぬ」「ドッペルゲンガーに殺される」などの説もある。運悪くヤツらに遭遇したら、死を待つのみ?

LEVEL 1

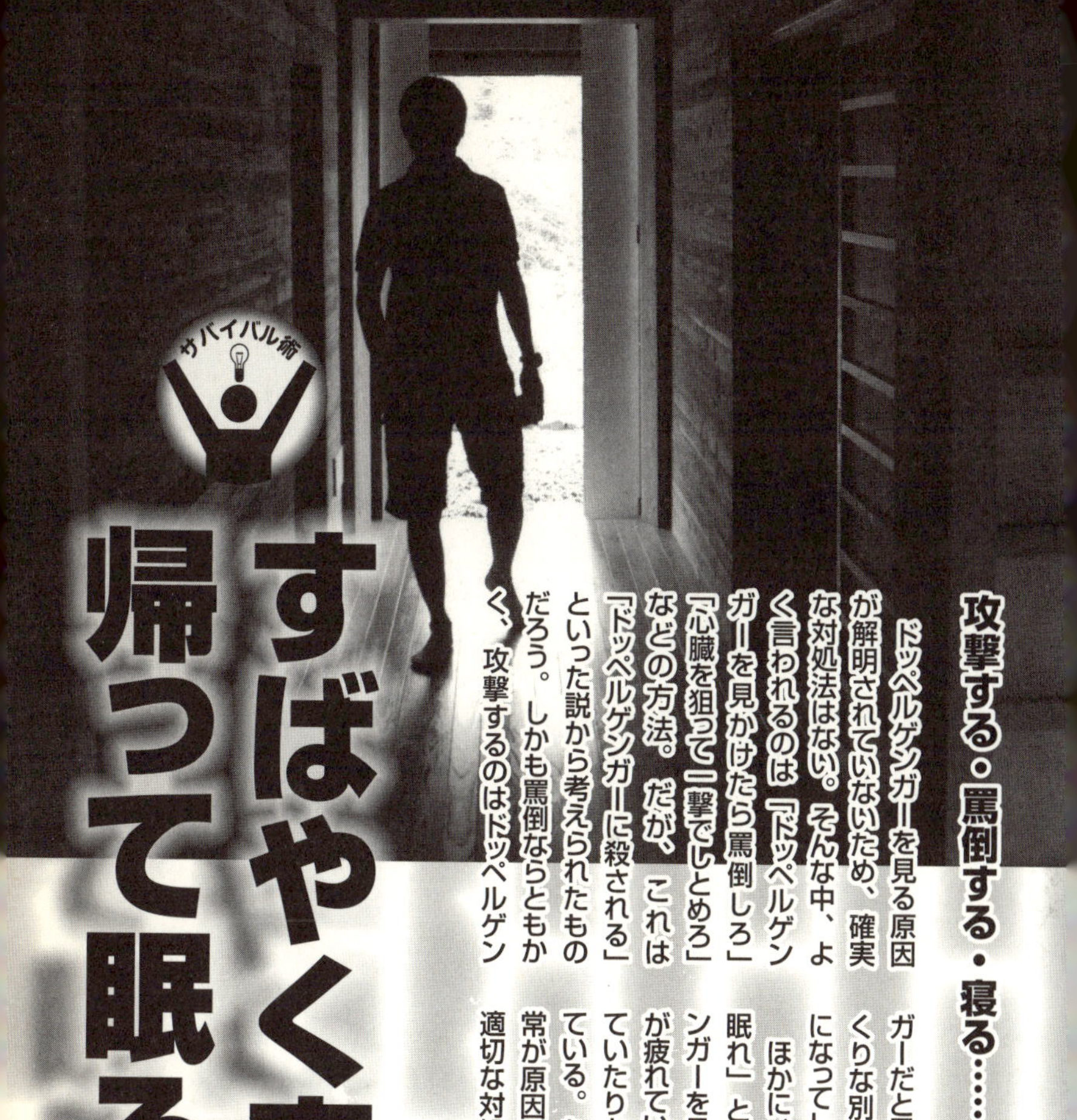

ドッペルゲンガーは、体調不良が原因で体から抜け出た魂だという説も。

サバイバル術

すばやく家に帰って眠ろう

攻撃する・罵倒する・寝る……どれが正解!?

ドッペルゲンガーを見る原因が解明されていないため、確実な対処法はない。そんな中、よく言われるのは「ドッペルゲンガーを見かけたら罵倒しろ」「心臓を狙って一撃でしとめろ」などの方法。だが、これは「ドッペルゲンガーに殺される」といった説から考えられたものだろう。しかも罵倒ならともかく、攻撃するのはドッペルゲンガーだと思った相手が自分にそっくりな別人だった場合は、殺人になってしまうのでマズい。

ほかに、「すばやく家に帰って眠れ」という説も。ドッペルゲンガーを見るという状況は、脳が疲れていたりストレスが溜まっていたりという原因も挙げられている。もし、そうした脳の異常が原因だとすると、もっとも適切な対処法だろう。

緊急事態発生!!

事後、トイレットペーパーがなかったら

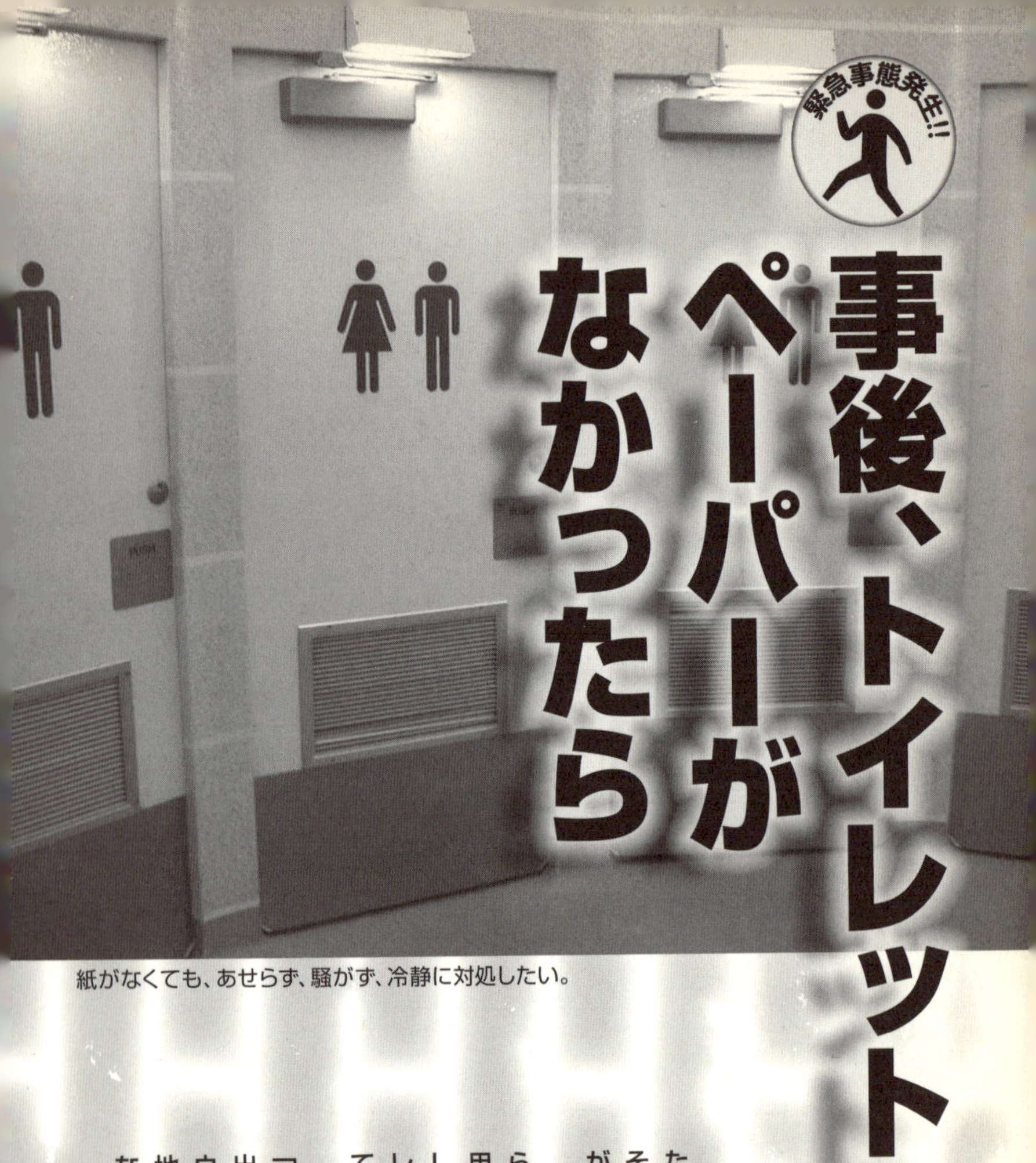

紙がなくても、あせらず、騒がず、冷静に対処したい。

スクランブル発生。冷たい物の飲み過ぎが原因?それとも残り物を食べたのがいけなかった?

　そんなことを考えながら、トイレに駆け込んで用を足し、ホッと一安心したのも束の間——トイレットペーパーが切れていて、再びパニックに!

　家族と暮らしていれば、「紙取って〜」とSOSを出せるが、出先だったらアウト。天国から、一気に地獄へ突き落とされた気分になること必至だ。

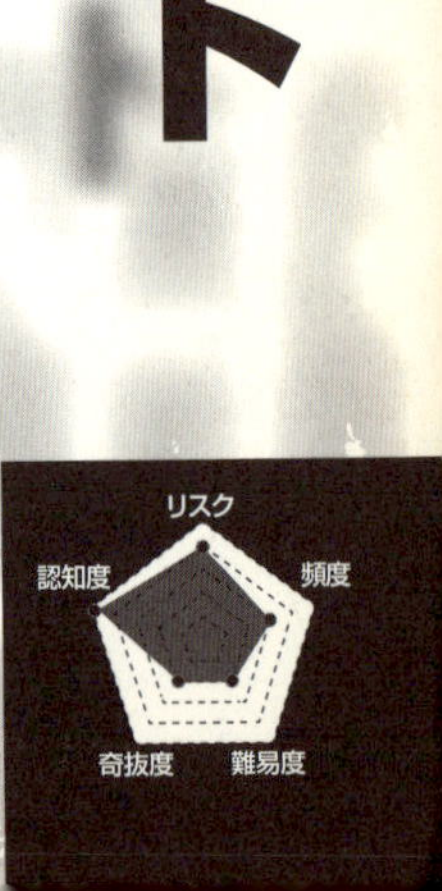

サバイバル術

芯をほぐし濡らして使え

財布の中のレシートや名刺でも代えは効く

用を足した後にトイレットペーパーがなかったことに気付いた場合、考えられるのが代用品で済ますという手。代用品の代表格は、現場に残されたトイレットペーパーの芯である。そのままでは使えないので、割いてからほぐして、ちょっと柔らかくして使うのがおすすめ。それでも堅い場合、水で濡らして使うのがいいだろう。

ところが、先客に芯を捨てられている場合も。また、最近は芯なしのトイレットペーパーも多いため、芯以外の代用品も考えておきたい。たとえば、財布の中のレシート、二度と会わない人の名刺、雑誌のいらないページ、ハンカチ、下着etc.。いずれも便器に詰まってしまうので、個室から持ち出してゴミ箱へ捨てるのが大人のマナーだ。

実は、海外には紙を使わずに対処している国もたくさんある。

緊急事態発生!!

オートロックの鍵をなくしたら

入居する前に、鍵をなくした場合について大家や不動産業者に確認しておこう。

近頃のマンションはオートロックが採用されている場合が多い。自室に入るときのみならず、建物に入るだけでも鍵が必要なのはちょっと面倒だが、防犯のことを考えると頼もしい設備である。でも、オートロックの鍵をなくしてしまったら……。なくしたのが自室専用の鍵ならシリンダーを交換するだけで済むが、エントランスにも使える鍵をなくした場合は全戸分の鍵代を負担することに?

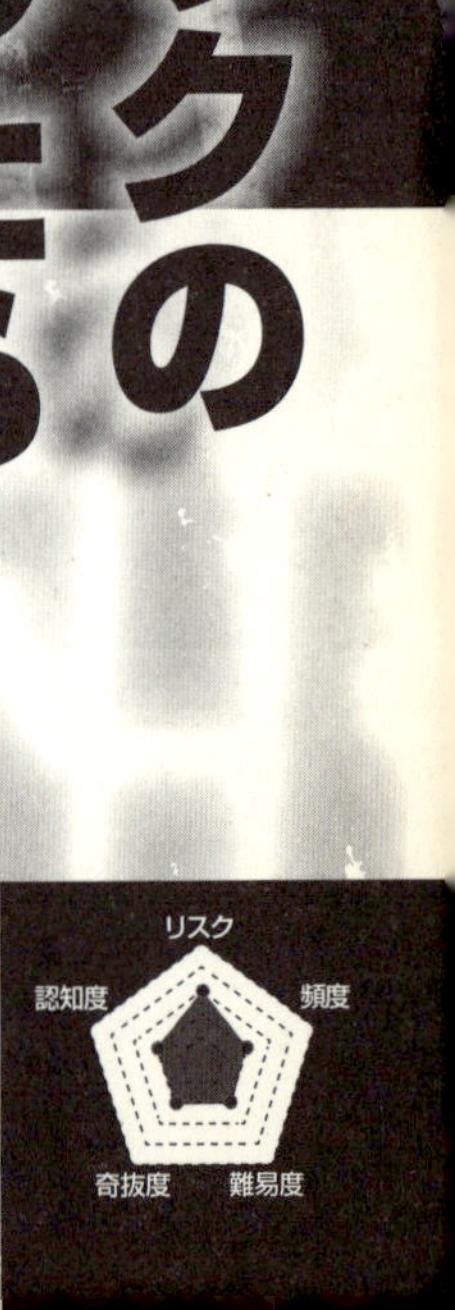

LEVEL 1

マンションのオートロックキーの紛失は、自分だけの問題ではなくなる。写真／By woodleywonderworks

サバイバル術

大家に連絡して IDを削除せよ

犯罪が起きてからでは遅いのだ!

なくした鍵が悪用されるおそれがあるので、まずはいち早く大家に連絡すべし。大家は、住人が鍵をなくすことを想定している。

最近では、鍵に設定されているIDをコンピューター上で削除し、使えなくする機能もある。これで、盗まれた鍵の悪用を避けることが可能だ。その後、別のIDを持つ新しい鍵を作り直してもらおう。

だが、ひとことにオートロックといってもタイプはいろいろ。住人全員が同じ合鍵でエントランスに入っているケースもある。その場合は、全戸分のオートロックキーを弁償しなければならない可能性も。

かなりの出費になるが、誰かが犯罪の被害にあってからでは遅い。たとえ言いづらくても、覚悟を決めて大家に連絡をすべきである。

緊急事態発生!!

腰が抜けてしまったら

腰が抜けた状態で、アゴや唇をさする光景はちょっと奇妙に見えるかも。

予期せぬ出来事に驚くあまり腰が抜け、身動きが取れない。これは、脳がパニックを起こして交感神経が異常な働きをし、脊柱起立筋に力が入らなくなることが原因だ。

経験者ならご存知の通り、平常心を取り戻そうとしてもどうしていいのかわからず一層混乱するばかりだ。周りに助けはいないし、いたとしても腰が抜けただなんて無様な格好を見られたくない……どうすればいいの？

指先でアゴや唇を強くこすれ

サバイバル術

即効性のある裏ワザがあった！

原因となる恐怖や衝撃から逃れ、状況を冷静に飲み込めるようになれば脳も平静を取り戻し、自然と腰抜け状態から抜け出すことができるだろう。

しかし、どうしても早く立ち直りたいときは、一度深呼吸をした後に、アゴや唇を指で強めにこするといい。アゴや唇の刺激はダイレクトに脳に伝わるので、すばやくパニック状態から脱する手助けとなり、元通りの機能を回復してくれるのだ。

腰が抜けている間は皮膚の感覚も鈍っているが、それも次第に戻ってくるはず。やがて立ち上がれるようになったら、ゆっくりとストレッチをして、背筋を伸ばすべし。できれば腰が抜けるような事態には遭遇したくないが、覚えておいて損はないだろう。

アゴや唇をこすると、脳に直に刺激が伝わるのだ。

緊急事態発生!!

観光バスの中で吐きそうになったら

ツボ押しで乗り物酔いが消えるという事実は西洋医学でも注目されている。写真／By sermoa

乗り物に乗ると、独特な揺れが原因で三半規管に異常が起き、むかつきや吐き気をともなう。こうした症状は、寝不足や疲れが溜まった状態での長距離移動中に起きやすい。乗り物を降りて新鮮な空気を吸い、しばらく時間を置かないと解消できない。

自家用車や電車なら自分のタイミングで途中下車すれば何とかなるが、観光バスの場合はマイペースに行動できず、苦しさはいつしかピークに……。

サバイバル術

手首にあるツボ「内関」を刺激せよ

乗車30分前に予防しておくと安心

乗り物酔いで困ったときは、ツボ療法が効果的。両手首の内側から、指3本分肘の方へ移動したポイントに「内関」と呼ばれる乗り物酔いに効くツボがある。このツボを、反対側の手の親指でグイグイと30回ほど押す。片一方が終わったら、続いて反対側も。ケガをしない程度に力いっぱい押すのがコツだ。

そうするうちに、次第に吐き気がおさまり、乗り物酔いが解消されていくだろう。座席に座ったままできるので試さない手はない。体質的に乗り物に酔いやすいのなら、乗り込む30分ほど前に内関を刺激しておくとよい。

また、いちいちツボ押しするのが面倒な場合は、米粒を絆創膏で貼り付け、内関の上につねに刺激を与えておく手も。

内関への刺激は乗り物酔いだけでなく、二日酔いやつわりにも効果を発揮する。

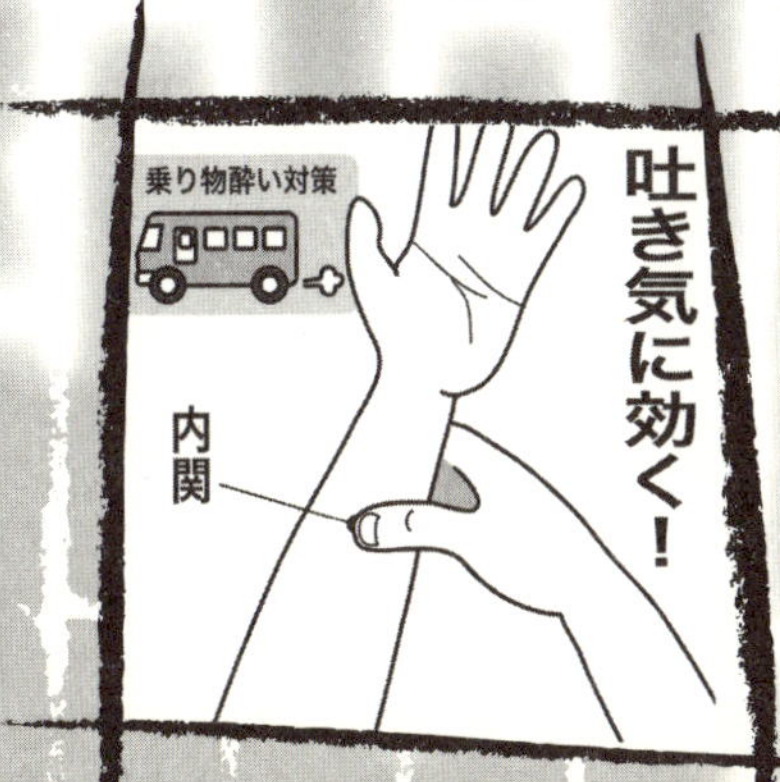

緊急事態発生!!

指輪が抜けなくなったら

指が冷たくなり、色が変わってきたら指輪の外しどき。
写真／By Hryck.

昔はスーッと入ってラクラク外せた指輪が……太ってしまったからだろうか、装着したものの後で抜けなくなることがある。午前中は大丈夫だったのに、夕方になったら手がむくんで外せなくなるケースもあるだろう。

一度は入ったのだから、必ず外すこともできそうなものだが……。早く風呂に入りたいのに外せない！

そんなときは、こんな裏ワザがある。

サバイバル術

細糸でグルグル巻きに

指から血の気が引いていくときがチャンス

ハンドクリームや石けんで指輪の周りを滑りやすくして外す、という有名な方法もいいだろう。だが、それでも難しい場合や手近にそうしたアイテムがない場合もある。そんなときに試していただきたいのが、糸で指をグルグル巻きにする方法。

第2関節周辺のむくんでいる部分をキツめに巻きつける。この際、糸の巻き始めと指輪の間が開くと逆に指が膨らんでしまうので注意。巻いたまましばらく放置すると、指から血の気が引いていくが、そのときがチャンス。糸で巻く前よりも指が細くなっているため、指輪はスーッと抜けてくれるだろう。使用するのは、太い糸よりも細い糸の方が効果的。丈夫で細いのでデンタルフロスなども使える。力技だが、ぜひお試しあれ。

糸を巻く際、クリームや石けんを併用しても効果的。

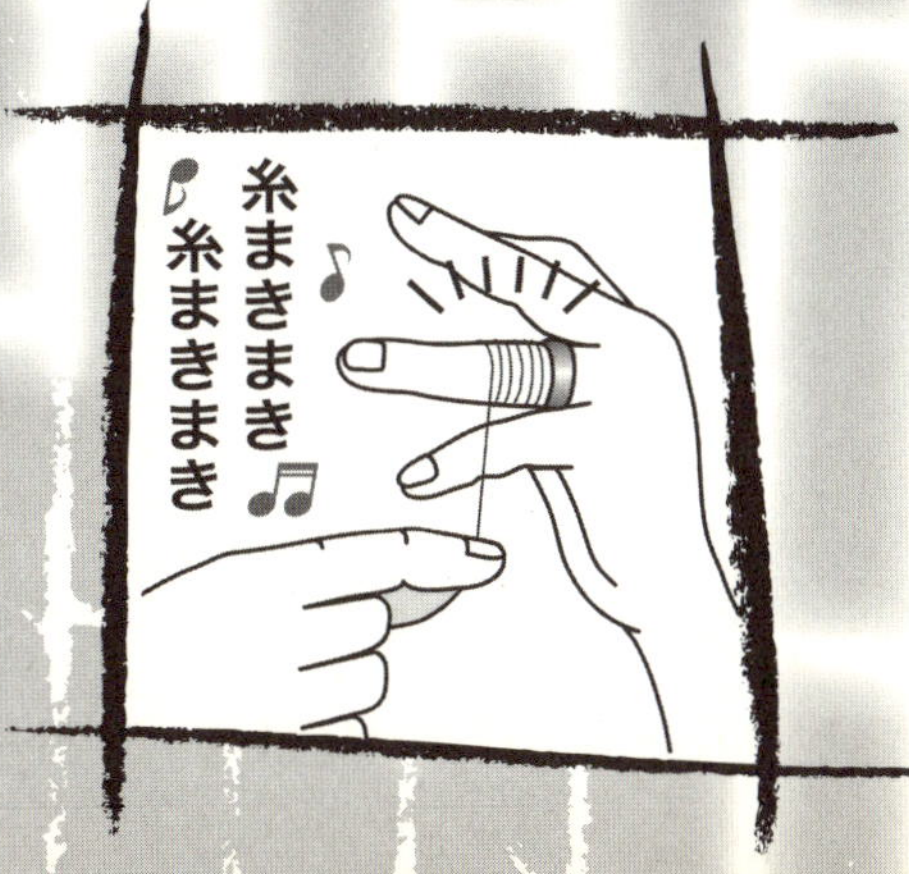

緊急事態発生!!

歯が折れたら

牛乳がどうしてもない場合は、折れた歯を口の中に入れたまま歯医者さんへ行ってもいい。
写真／By mamaloco

転んだり殴られたり、アゴの周りを強打した拍子に歯が折れてしまうことは、誰にでも起こり得るトラブル。子どもなら「そのうち永久歯が生えてくるから」と楽観的にもなれるが、大人の歯は生え変わらない。みっともない歯っ欠けを取り繕うためには、差し歯か、入れ歯かと考えるしかない。

だが、希望を捨ててはいけない。折れた歯を元通りに付け直す、驚きの対処法があるのだ！

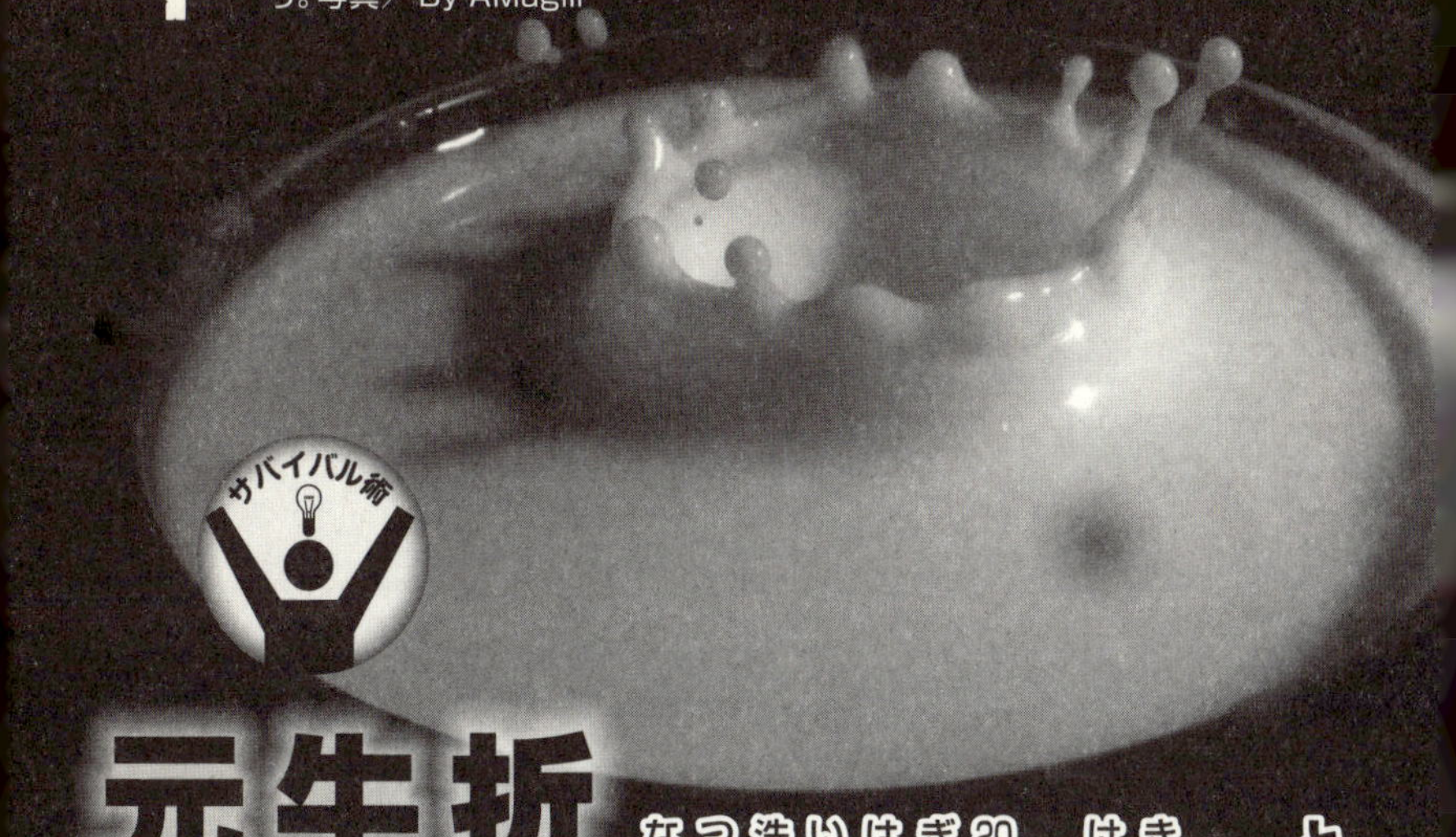

もう一度、歯を歯茎に植え付ける手術を「再植」と言う。写真／By AMagill

サバイバル術

折れた歯を牛乳に浸し元通りにはめ込め

とにかく乾燥させてはいけません

次の工程が30分以内に完了できれば、折れた歯を元通りに付け直すことができる。

まず、折れた歯を流水で10～20秒ほど洗い流す。長く洗い過ぎると、歯の根っこの繊維質がはがれるので要注意。汚れが付いていても、石けんや塩水で洗ってはいけない。また手で持つ際は歯の根っこの断面に触れないように。雑菌が付くと再生後に感染症となる場合がある。

折れた歯は乾燥すると歯根膜（歯ぐきや歯根を支える骨）がいたみ、再生の治療が難しくなる。乾燥を防ぐため、生理食塩水に漬けるのがベストだが、生理食塩水と同等の濃度を持つ牛乳で代用可能。牛乳を入れたケースに折れた歯を浸して運び、30～60分以内に歯医者の治療台に着ければもう安心だ。

「夢」を追って無一文で上京してしまったら

まかない目当てに毎日出勤すれば、とりあえず生きていくことはできる。写真／By kynbit

役者になりたい、ミュージシャンになりたい、お笑い芸人になりたい……など、上京する理由は人それぞれ。だが、一人前を目指して出発したばかりのうちは、財布も空っぽで所持品もわずか。家族が反対しているなら、さらに状況は厳しい。次の給料日まで、小銭だけで飢えをしのぐということも。

　こんなんじゃ、夢を追うどころじゃない……どうすれば、大都会で新生活を軌道に乗せられる？

「メニューを従業員価格で販売」「給料から天引き」といったシステムも。(写真と本文は直接関係ありません)写真／By iMorpheus

サバイバル術

とりあえずまかない付きの店で働こう

若者よ！　腹が減っていては夢は見れないぞ！

「まかない」とは、飲食店における従業員用の食事のこと。求人広告に「まかない付き」の文字があれば、出勤時には確実に1食、確保できることは間違いない。ちょっと時給が安くてもお腹いっぱい食べられるなら、結果的に得をするはずだ。

　また、個人経営の飲食店なら、まかないが付くだけでなく、余った食材をもらって帰ることができるかも。しかも、まかないは下働きの従業員にとって「オリジナルメニュー」を仲間内に味わってもらうための腕試しの場」となる場合も多い。それゆえ、メニューには載らないご馳走にありつけるチャンスも……。

　若者よ、まずはまかない付きのバイトで働いて、お腹を膨らませよ！　夢を膨らませるのはその次だ！

露出魔に出会ったら

夜道、携帯をかけながら歩くと、スキだらけになるのでNG。

春のうららかな陽気に誘われて出没する露出魔。ただ見せつけて喜んでいるだけの変質者ならまだいいが、こちらの反応如何では露出魔のさらなる衝動を呼び起こし、最悪の結果を招いてしまうことも。実際、露出からエスカレートした性犯罪も起きている。

　異常な思考を持つ人間による犯罪だけに、一概にどのような対処が正しいと言い切れないのも難しいところなのだが……。

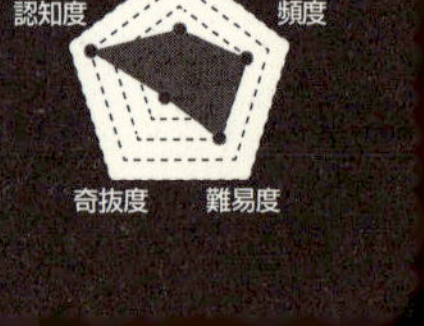

LEVEL 1

「もっと見せろ～!」と、逆に追いかけ回して撃退した実例あり。写真／By Stephen Korecky

サバイバル術

無視や罵りはNG! 単に認識するだけがベスト

あからさまな態度は相手を興奮させるだけ

一般的に、露出魔には「女性の嫌がる反応を見たい」という心理がある。

つまり、あからさまに驚いたり嫌がったりする素振りはますます欲情させるだけ。そこで、「無視しろ」とも言われるが、まったく認識していないかのような素振りもまた微妙である。あきらかな拒否反応が垣間見えるからだ。

そこでベストな対処法は、「認識したけれどまったく動揺していない」という毅然とした態度である。

夜道で露出度の高い服で歩いても、しっかり顔を上げて颯爽と歩く女性は暴行被害に遭いにくい。ただし、「粗末」とけなしたらボコボコにされたというエピソードもあるので、S気質の女性はご注意を。

COLUMN 勘違いサバイバル術 ①

LEVEL ①

魚の骨がのどに刺さったら「ご飯を丸飲みしろ」……はウソ

魚を食べてのどに骨が刺さってしまうとチクチクと痛み、イライラさせられる。

骨を取り除く方法としてもっとも知られているのは、「ご飯を丸飲みしろ!」というもの。これで、うまく骨が取れる場合もあるが、よく考えてみると上から骨が刺さっているのにご飯を流し込んだら、場合によっては余計に骨が深く刺さってしまうのでは? そう、ご飯を丸飲みする、というのは得策とは言えないのだ。

もっとも適切なのは、耳鼻科や口腔外科で取ってもらうこと。ただし、「魚の骨」で来院する人は少なくないようだ。また「食べた物を吐き出せば、吐瀉物に流されて骨が抜け落ちるはず」と、のどに指を突っ込んで吐く猛者もいるがおすすめできない。

正解は「耳鼻科や口腔外科に行け」

食べる前に魚の骨を丁寧に取り去れば、骨が刺さることも病院に行く必要もない。写真/By Mike Johnston

LEVEL 2

けっこうヤバい!
下手すりゃ危ない冷や汗状態

緊急事態発生!!

シュレッダーにネクタイが巻き込まれたら

この状況に陥りやすいのは、眠気で頭がぼんやりしているとき。頭を覚醒させて危機から脱出せよ！　写真／By kazamatsuri

プライバシー保護のため、書類を細かく裁断してくれるシュレッダー。企業で使われている大型のものは、書類と同じくらいの厚さのネクタイを巻き込んでしまう場合もある。そうなったら、たいへんだ。停止ボタンを押しても即座には止まらないし、慌てているとその考えすら思い浮かばない。そうこうしている間にどんどん首が締まっていき、下手すると窒息死してしまうことも……。

コンセントを引き抜け

ビジネスマンにとってまさに白昼の悪夢！

ネクタイが巻き込まれたときの対処法は、第一に落ち着くことだ。巻き込まれると、つい反射的に体を仰け反って引き抜こうとしてしまうが、それだと余計に首が締まっていく。ネクタイはそう簡単には引きちぎれないし、シュレッダーも簡単には止まらない。

そんなときは、電力を供給しているコンセントを引き抜けばいい。一秒を争っているときに停止ボタンを押しても、機械はすぐに止まらない。しかしコンセントを抜けば、その時点で確実に停止する。コンセントの場所がわからなければ、シュレッダーごと動かせばいい。だが、これはあくまで緊急回避用。使用前にはネクタイを外しておくか、巻き込まれた瞬間に停止ボタンを押すのが無難である。

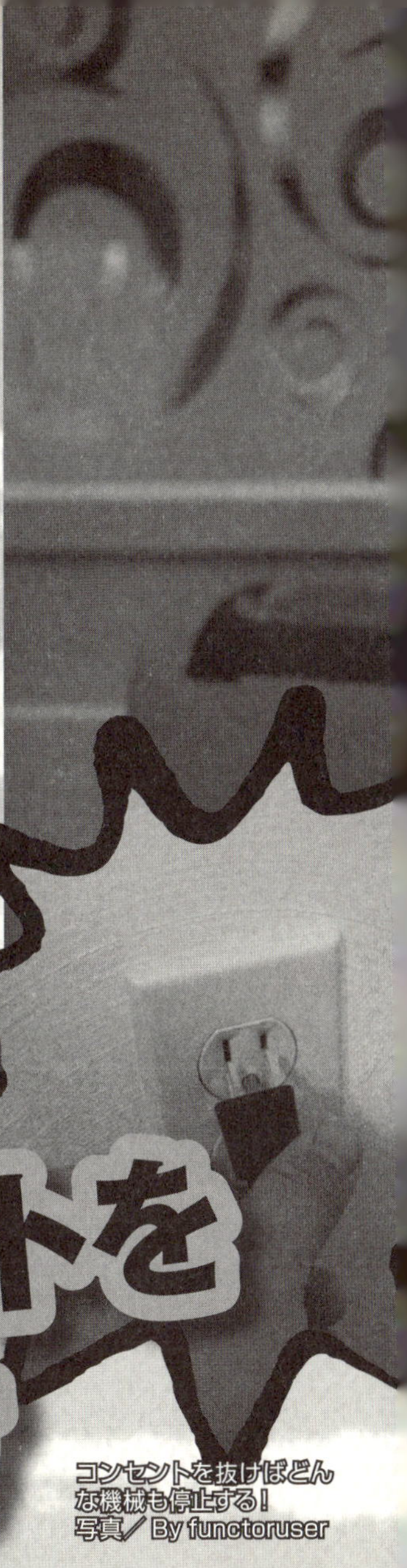

コンセントを抜けばどんな機械も停止する！
写真／By functoruser

緊急事態発生!!

セーターが引火したら

バーベキューにはコーラのペットボトルを持参することが必須か？ 写真／By besighyawn Allan Chatto

雪山でのバーベキューやたき火など、とくに冬の屋外で火を取り扱う際は細心の注意が必要である。夏と違って厚着をしているぶん、服に引火しやすいのだ。中でも、セーターのように毛羽立っている衣服は燃えやすい。引火すれば最後、あっという間に全身が炎に包まれてしまうだろう。屋外は屋内と違って、消化に使えるものが周囲にないことも多い。こういう場合、どうすればいいの？

コーラをぶっかけろ

コーラの噴射力を見くびってはいけない！

バーベキューをするとき、飲料水もいくつか持参していることだろう。服に引火した場合はそれらを手当たり次第にかけるのもいい。さらにコーラがある場合は、ただかけるよりも10回ほど強く振ってから引火部分に向けて栓を開けるとなお効果的だ。

コーラには他の炭酸飲料よりも、消火作用のある炭酸ガスが多く溶かし込まれている。そのため、密閉された状態で強く振って栓を開けると、コーラに溶けているガスが泡状になって勢いよく噴射されるのだ。イギリスでは、このコーラの噴射力を利用して、火だるまになった人を救ったというニュースが取り上げられたこともある。

もちろんこれは緊急回避用。小型消火器を持参しておくのがベストだ。

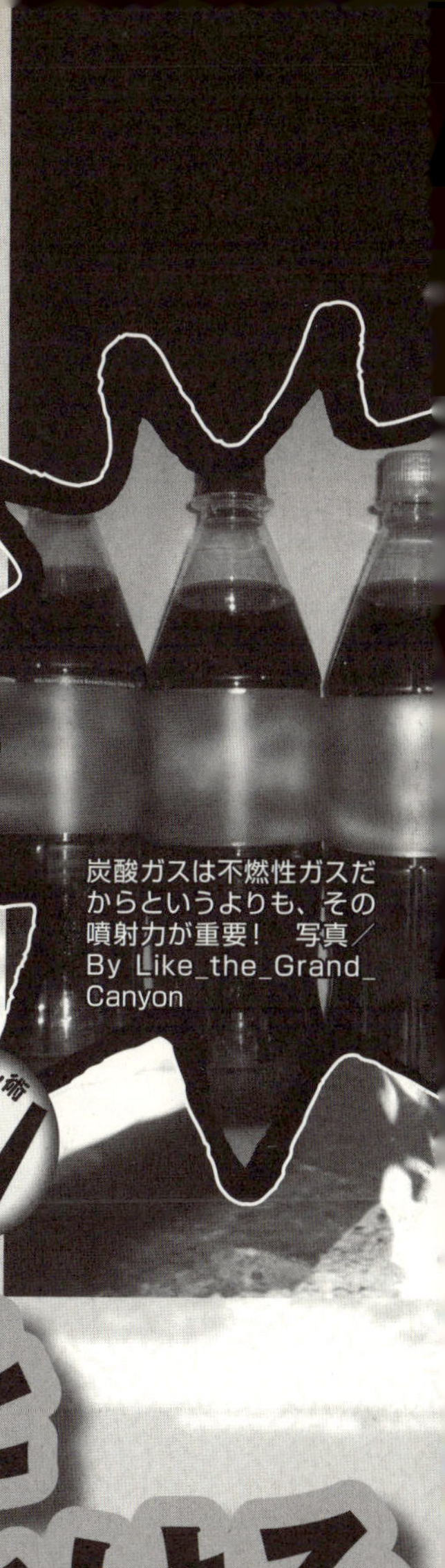

炭酸ガスは不燃性ガスだからというよりも、その噴射力が重要！　写真／By Like_the_Grand_Canyon

緊急事態発生!!

水中で足がつったら

楽しい夏に突如訪れる悪夢。いざというときのため、人のいない沖までは行かないようにしよう。写真／By truk kurt

足がつる原因は、主に冷えと水分不足からくる血行不良、長時間にわたる緊張や疲労によって引き起こされる筋肉の収縮がある。海やプールに入っているときは冷えるし、汗もかくので水分不足になりやすい。しかも泳ぐときの足の動きは、ふくらはぎの筋肉を長時間収縮させるのでつりやすいのだ。でも実際、泳いでいるときに足がつったら大ピンチ！　しかも足が底に届かなかったら……。

力を抜いて体を浮かせろ

足がつかなくても焦ってはいけない

つるということは筋肉が収縮しているわけだから、そこを伸ばせば次第に回復する。水深が深い場所なら立ち泳ぎか背泳ぎの姿勢になって、つった場所の筋肉を伸ばせばいい。患部の指先やふくらはぎなどを反対方向に引っ張り、緊張を取り除こう。近くに浮き輪があれば、もちろんそれに捕まって助けを呼ぶのが確実だ。

マッサージする際、力み過ぎると沈んでしまうので体の力を抜く必要がある。それでも沈んでいくのなら、平泳ぎの要領で軽く水をかけばいい。そうすれば次第に体は浮いていく。筋肉の緊張がほぐれたら、焦らずゆっくり岸まで近付こう。しかし、こんなピンチに陥らないためにも、水に入る際は念入りな準備運動を怠ってはいけない。

緊急事態発生!!

痴漢と間違えられたら

満員電車では誰にでも訪れる可能性がある恐怖。
写真／By Wryyyyyy2010 No real name given

痴漢を働いた場合の罰則は、5万円以下の罰金。強制わいせつ罪が摘要されると、6か月以上、7年以下の懲役になる。懲役も怖いが、真の恐怖は社会からの風当たりだろう。満員電車の場合、犯人が特定できず近くにいた人が濡れ衣を着せられる可能性も少なくない。「この人、痴漢よ！」のひと言で、人生が狂ってしまうことだってありえるのだ。

とにかく駅員室には行くな

サバイバル術

「説明すればわかってもらえる」はない！

痴漢と言われて素直に肯定する人はいないので、無実でも相手はなかなか納得してくれない。だからと言って、「駅員室で説明すればわかってもらえるだろう」などと甘く考えてはいけない。

被害者の要求通り駅員室に行けば、即座に逮捕され警察へ引き渡されるに違いない。刑事訴訟法によって私人（駅員）による現行犯逮捕が認められているのだ。逆に言えば、駅員室へ行かなければ現行犯逮捕はまぬがれる。

かといって、容疑が晴れたわけではないので、警察が事情聴取に来るまでに証人か弁護士を用意する必要がある。思わぬ罪を着せられないためにも、満員電車では両手でつり革をつかむなどして、手を見える位置に出しておくよう心掛けたい。

平成20年の痴漢件数はおよそ2000件と言われる。写真／By chidorian Ishikawa Ken

緊急事態発生!!

我が子が酸性洗剤を飲んでしまったら

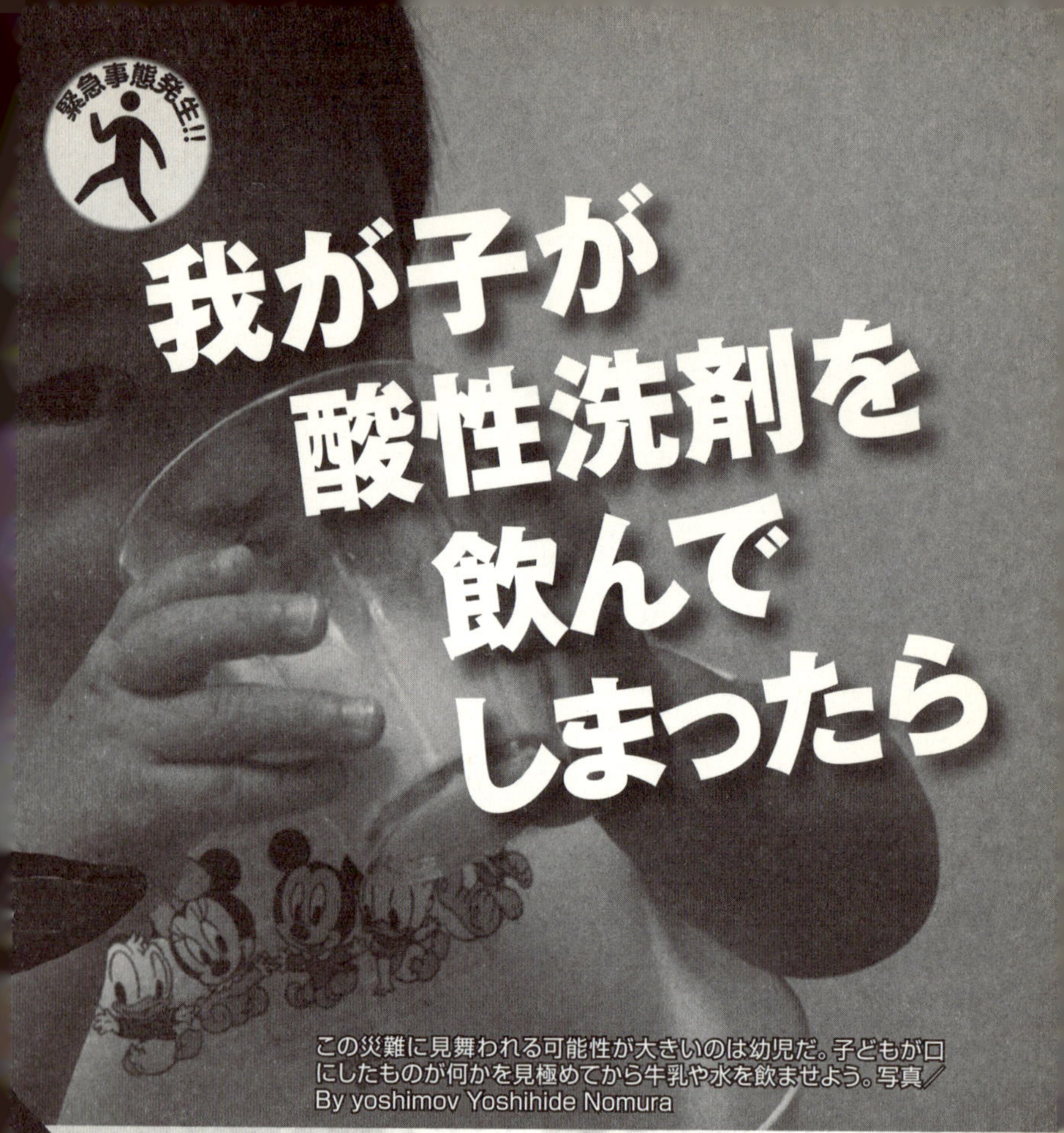

この災難に見舞われる可能性が大きいのは幼児だ。子どもが口にしたものが何かを見極めてから牛乳や水を飲ませよう。写真／By yoshimov Yoshihide Nomura

台所周りやトイレ、お風呂場で大活躍する酸性洗剤は、石けんのカスや水アカなどを落とすのに優れた効果を発揮する。だが、こんな便利なモノが一瞬にして凶器になることだってある。もし我が子が誤って飲んでしまったら、目まいや激しい咳、呼吸困難といった中毒症状が現れる場合がある。またいくら弱酸性のものでも、結局は「酸」なので内臓を傷つけ、下手すると命にかかわることも。

牛乳を飲ませて酸を弾き飛ばせ

サバイバル術

食道やのどの損傷を軽くする対処法

子どもが洗剤を飲み込んでしまった場合は、無理に吐かせようとしてはいけない。そうすると、かえって食道やのどを傷つけてしまう。対処法としては、牛乳を飲むのが効果的。そうすると、牛乳が内臓に膜を張ってくれるので極端に傷つかずに済むのだ。牛乳がなければ水でもいい。大量の水を飲めば酸の濃度が薄くなる。その後、病院に行って処置してもらおう。

ただし、この方法が適応できるのは、酸性やアルカリ性の洗剤のみ。タバコ（それを浸した水を含む）や防虫剤を飲み込んでしまった場合に水や牛乳を飲むと、かえって毒性が強まるので逆効果だ。飲み込んでしまったものが何なのかをしっかり確認してから、適切な対処法を取るべし。

写真と本文は直接関係ありません。写真／By termie

緊急事態発生!!

熱中症になったら

日差しが強烈な夏の屋外で遊ぶのは、つねに熱中症の危険と隣り合わせ。写真／By radiant guy Bashar Al-Ba'noon

学生時代、運動場で整列しているときに日射病にかかって倒れる人を見かけたことはないだろうか。これは、体の温度や血液の循環をコントロールできなくなることで起こる症状。現在では「熱中症」という名称で統一されている。熱中症は体の水分が失われると誰でも起こり得る。軽度の場合はめまいや立ちくらみ、重度になると意識障害にまで発展するという恐ろしい症状なのだ……。

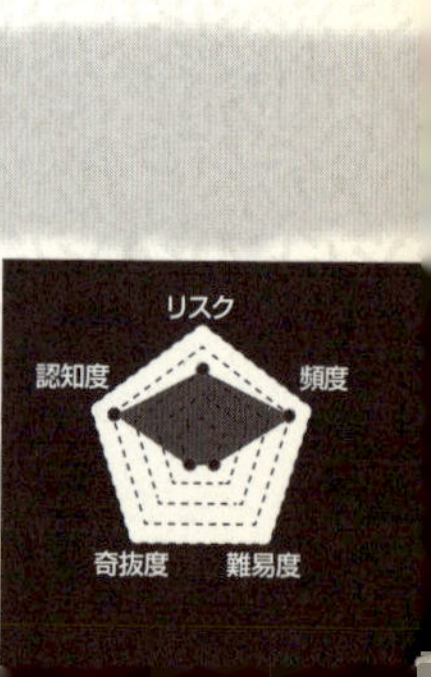

LEVEL 2

サバイバル術

缶ジュースで股を冷やせ

大動脈を冷やして体の熱をコントロール！

熱中症を予防するためには、運動前に充分な水分と睡眠をとること。それでもかかってしまった場合は、とにかく体を冷やすべし。風通しのいい場所に移動し、ベルトなど体を圧迫するものをゆるめる。それから、氷のう（氷や水を入れて患部を冷やすゴム製の袋）を股に当てよう。股の付け根には大腿動脈という血管があり、そこを冷やすことで体全体の温度を下げることができるのだ。他にも、脇の下にある腋窩動脈や、首にある頸動脈などを冷やすのも効果的。

熱中症対策をつねに意識し、氷のうを持ち歩いていればいいが、手元にない場合も。そんなときは、缶ジュースがいい代用品になる。氷のうと同様、股や脇、首などに当てて冷やそう。

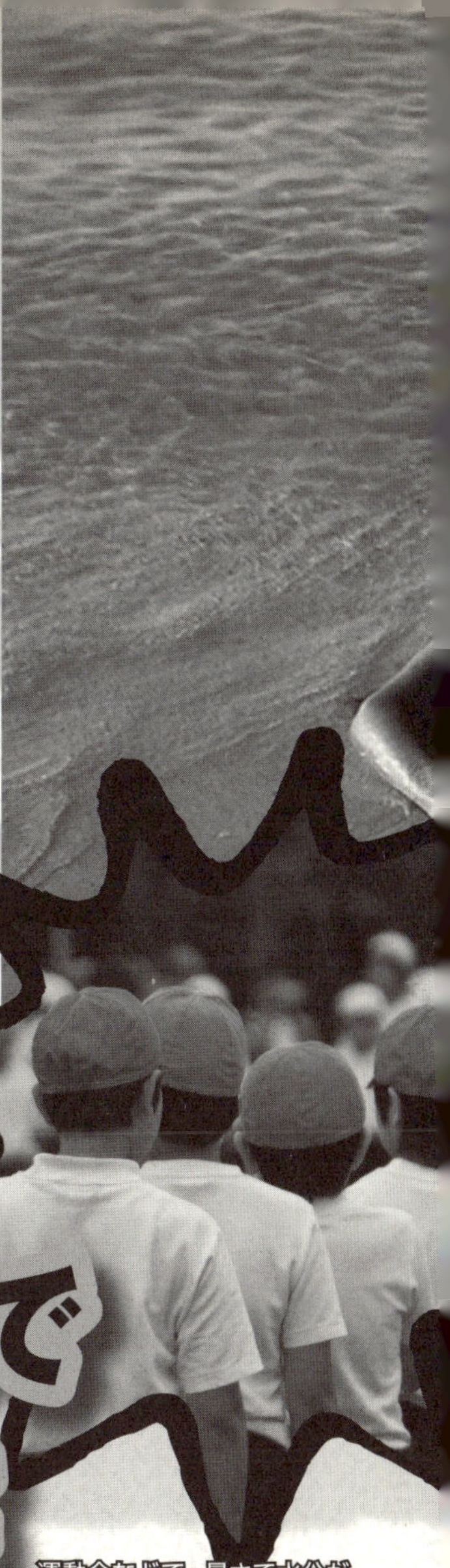

運動会などで、暑さで水分が失われ、倒れそうになったという経験も多いはず。

不眠症になったら

眠たいのに眠られないのはつらい。寝る3時間前からテレビを見ないようにするのも効果的。写真／ By Aaron Jacobs

眠りたくても、なかなか眠れない不眠症。数時間で目が覚めてしまうのも不眠症の一種だが、重度になるとまったく眠れなくなる。体は疲れているはずなのに、眠れないまま朝を迎えてしまうのは非常につらい。仕事だってまともにできないし、注意力散漫になって致命的な事故に遭う可能性も。睡眠薬を飲むのも手だが、副作用が出るのは嫌だ……。こんなとき、どうすればいいの?

カフェインを完全に断つべし

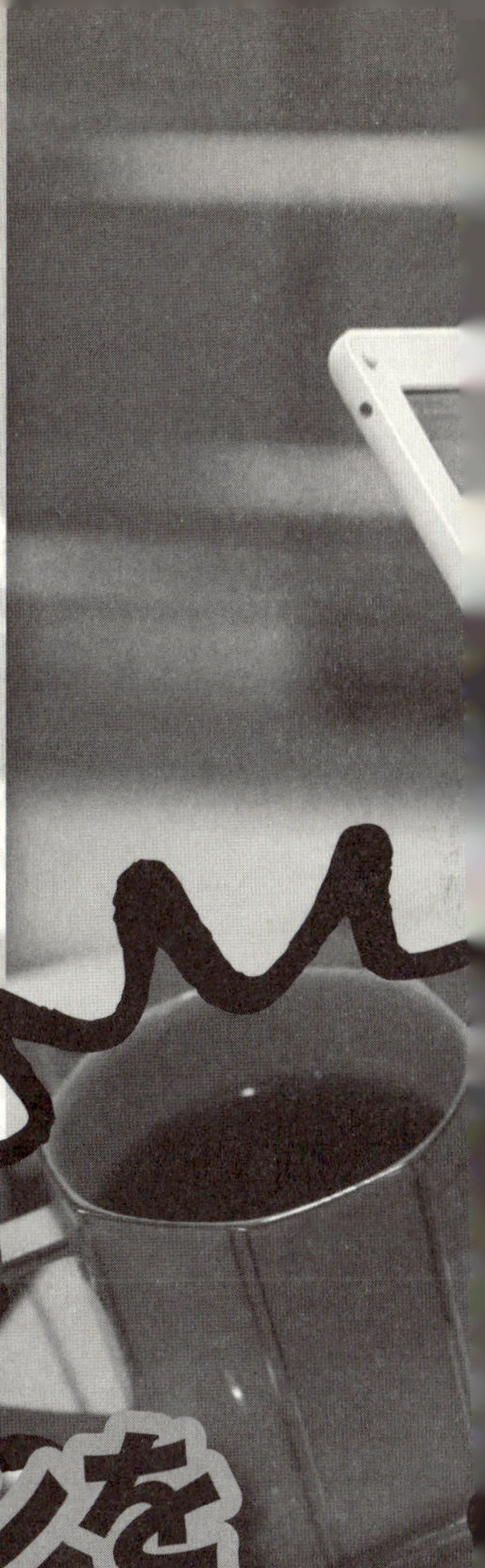

早ければ2週間で悩みから解放される

不眠症は自律神経がバランスを失っているときに起こる。簡単に言えば、脳が興奮状態にあるから眠れないのだ。

昼間に極度のストレスを感じたり、寝る前にスポーツ観戦などで興奮したりすると、それを深夜まで引きずってしまう。日頃から、できるだけ冷静でいるようにすればいいが、実際問題それは難しい。

簡単でいて効果が期待できるのは、カフェインを一切断つことだ。カフェインには脳を興奮状態にする作用があり、玉露茶、紅茶、コーヒー、ウーロン茶、コーラの順で多く含まれている。これらを完全に断つことで、2週間ほどで効き目が現れる。重度の人は1年ほどカフェイン断ちをすれば、高い確率で不眠症から解放されるはずだ。

緊急事態発生!!

ガラスが目に入ったら

ガラスなどの異物が目に入ると思わずこすりたくなるので、要注意。写真／By Kyle May

コップや窓、鏡などのようなガラス製品を割ってしまうと、その破片が周囲に飛び散る。それが、目の中まで飛んできたとしたら……。もし角膜を傷つけると、失明の可能性だってある。目に異物が入ると、ついこすってしまいがちだが、そんなことをすると余計に角膜が傷ついてしまう。無理に取り出そうとするのも危険だ。下手すれば、傷からばい菌が入って感染症になるおそれもある……。

紙コップで両目を覆い隠せ

とにかく眼球を動かしてはいけない！

ガラスの破片が目に入った後にそこを隠すというのは妙な感じだが、対処法としては正しい。眼球が動くと、そこにあるガラスの破片で傷がつく可能性がある。そのため、ガラスの入った目を動かすことのないよう目を覆い隠す必要があるのだ。もちろん、手のひらで塞いでもかまわない。まぶたを固く閉じると、そのときにガラスの破片が動くおそれがあるので、目を開けたまま塞ぐのがいいだろう。

注意すべき点は、もう片方の目も必ず塞ぐこと。目というものは片方を動かせば、もう片方も一緒に動くもの。そのため、両目を覆い隠して視界からシャットダウンしなければならない。両目を塞いだ状態で、誰かに眼科まで連れていってもらおう。

緊急事態発生!!

心当たりのない郵便物が届いたら

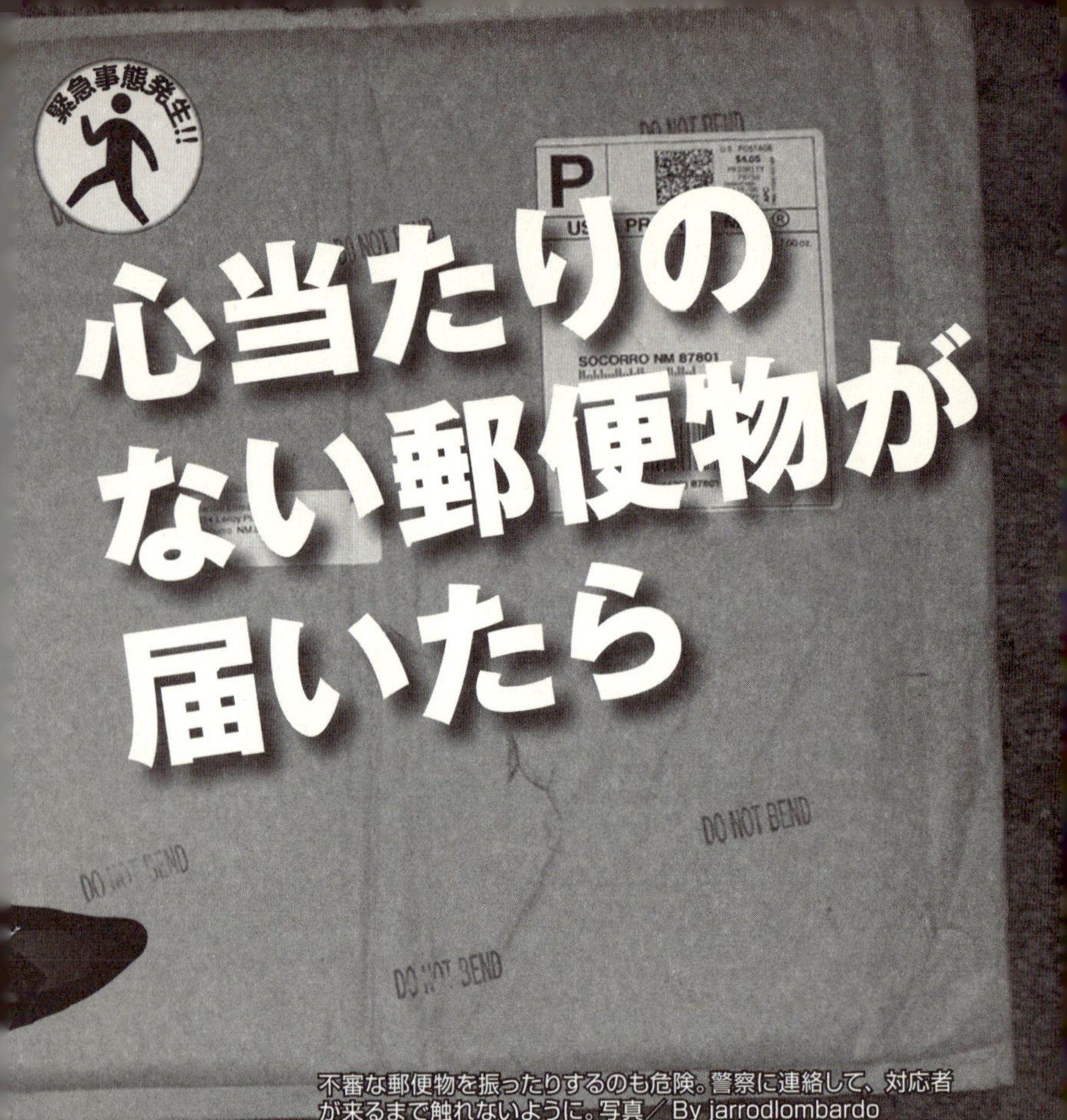

不審な郵便物を振ったりするのも危険。警察に連絡して、対応者が来るまで触れないように。写真／By jarrodlombardo

２００１年、アメリカの新聞社や政治家のもとに不審な郵便物が届けられた。その中には炭疽菌という細菌が仕込まれており、開封してしまったばかりに５人が感染症によって死亡するという惨事に発展した（アメリカ炭疽菌事件）。

他国のことだと安心はできない。日本でもテロが起きる可能性はあるし、テロではなくても恨みを抱く人から送りつけられることだってあるのだ。

絶対に開封してはいけない

中に危険な細菌が仕込まれているかも！

不審な郵便物が届いたときの対処法は、第一に開封しないこと。覚えのない差出人や差出人不明だったら、そのまま警察に届け出るべきだ。

仮に開封して、中から危険物が出てきた場合は、落ち着いてその場から逃げること。もちろん火気厳禁。中身が粉状の場合、舞い散ることを防ぐため窓を閉めて、エアコンも切る。ビニール袋などで郵便物を覆い隠してしまうのも効果的だ。部屋から出るときは、ゆっくりとドアを開けて外に出る。爆発物の可能性もあるので、少しでも刺激を与えないようにするためだ。その後、感染症のことも考えてしっかりとシャワーを浴びる。ツメの間など、細かい場所もしっかり洗っておく。その後、病院で検査を受けること。

サバイバル術

もはや安全とは言えない日本。いざというときのために、防塵マスクも常備しておいたほうがいい？

緊急事態発生!!

電車の中で「大」をもよおしたら

トイレのために緊急停止ボタンを押すわけにもいかない。ひたすら我慢して自分自身との戦いに打ち勝て!

尿意はある程度予測がついても、便意は急にやって来る。電車やバスなどの公共機関に乗っているとき、突然の腹痛に襲われるという話は珍しくない。小より大を我慢するほうが、精神的にも耐えがたい破壊力を持つ。さらに、電車が特急などで駅に止まらないとしたら絶望的。まさか漏らすわけにもいかないし、そんなことを考えていると余計にもよおす……ある意味、人生最大のピンチだ!

便意の波に合わせて括約筋を締めろ

トイレに到着するまでの地獄に耐えろ!

サバイバル術

こういう場合、できるだけトイレのことを考えないようにするのもいいだろう。だが、排泄は生理現象なので、抑えることは相当難しい。かといって、もう我慢するしか他に手はない。その対応策は人それぞれだが、一般的なものは次の方法だ。

お尻には、バルブの役割を果たす「括約筋」という筋肉がある。これを意識的に締めるのである。だが、ずっと力を入れ続けるわけではない。便意の波がきた、ここぞというときにだけ集中的に力を込める。この際、全身の筋肉をそこに集中するのがコツ。波がきたら締める、治まれば緩めるのを繰り返す。これでしばらくはもつはずだ。

あとは最寄りの停車駅に到着するまで、トイレの神様に祈るのみ。

もちろん最大の対応策は、電車に乗る前にトイレを済ましておくこと。

緊急事態発生!!

鼻血が止まらなくなったら

鼻血が止まった後、鼻をかんだりいじったりすると、再発する可能性もあるのでNGだ。写真／By popofatticus

鼻血のおもな原因は、鼻への打撲である。子どもの頃には、ほとんどの人が経験したことがあるだろう。多くの場合は数分すれば止まるのだが、誤って鼻に串や箸を突き刺してしまうと奥のほうが傷ついてなかなか止まらない。また、高血圧の人も止まりにくい。放っておけば呼吸困難になるし、貧血で気分が悪くなったりも……。いつ止まるのか不安になるので、精神的にもよくない。

鼻をつまんで前かがみになれ

上を向いて首筋を叩くのはまったく無意味！

鼻血の止血法として有名なのが、「上を向いて首筋を叩く」というものだ。ところが、実はこれは大きな間違い。首筋を叩くことと止血は、医学的にもまったく関連性がない。また、上を向けば血がのどに流れていくため嘔吐の原因にもなる。

正しい止血法は、上ではなく下を向くこと。少し前かがみになって鼻の根元を指で押さえる。そして親指の頭くらいのティッシュを鼻に詰めておくのがいい。あとは座ったり横になったりして、体をリラックスさせる。横になるときも、鼻血がのどに流れ込まないように頭を高くしておくべき。濡れタオルを首筋や心臓部に当てることもリラックスにつながる。それでも止まらなければ、病気の可能性もあるので病院へ。

緊急事態発生!!

車に閉じ込められたら

小銭と靴下という身近なグッズを工夫すれば、緊急事態を乗り切れる！

土砂崩れや交通事故などの影響で車のドアが歪むと、外に出られなくなってしまう。同時に電気系統が壊れたら、窓だって開かない。携帯電話でＪＡＦを呼べばいいのだが、ガソリンに引火するおそれがある場合は一刻一秒を争う。

窓ガラスを叩き割るのが一番だが、車のガラスはかなり頑丈で、殴っても拳のほうが骨折してしまう。でも、急いで脱出しなければ……こんなときどうすればいいの？

小銭と靴下で作ったハンマーで窓を叩き割れ

一円玉でも数がそろえば武器に早変わり！

車に閉じ込められた際の脱出口は、やはり窓になる。しかし前述の通り、車の窓ガラスは相当頑丈だ。こんなときは、ハンマーを用意すればいい。もちろんそんなものを常備しているはずもないので、小銭を使って即席のハンマーを作るのだ。

作り方は同乗者の財布からすべての小銭をかき集めて、それをストッキングや靴下のような布に入れる。そして小銭の入っている部分を結べばできあがり。あとは布を振り回して、遠心力を加えて窓に叩きつける。これを繰り返せば、強固な窓ガラスにも亀裂が走っていくだろう。小銭を使ったハンマーは、ミステリー小説にもよく登場するトリックのひとつ。つまり、人を死に至らせるほどの威力があるのだ。

緊急事態発生!!

死にたくなるほど大恥をかいたら

自分の弱みを武器に変えて、味方を増やせ！　写真／By peoplearestrange.

普通に生きているつもりでも、時にはとんでもない大恥をかくことがある。遅刻寸前で慌てて外に飛び出したらズボンを履き忘れていたり、カラオケを断り切れず歌ったら好きな人に音痴がバレたり、大勢の前でドジをしたり……。

たとえ、他人は気にしていなくても、自分で自分が許せなくなる。もう、消えてしまいたい……(泣)。そんなときには、とっておきの秘策がある！

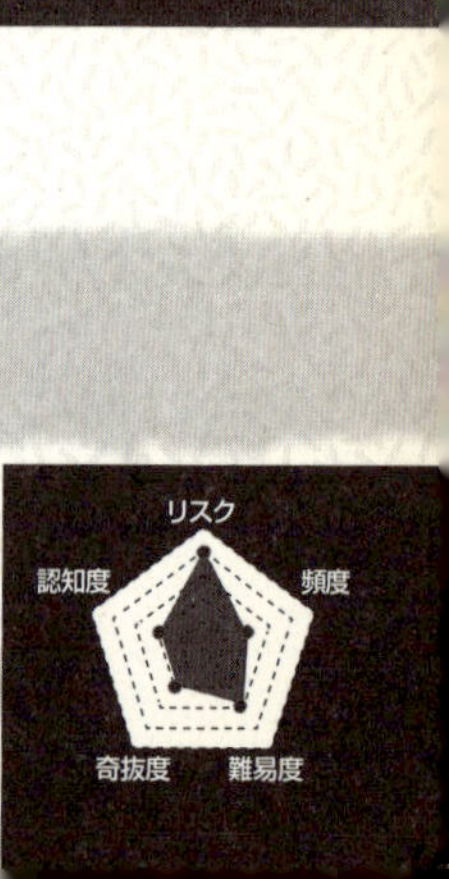

周囲が飽きるまで恥の話を繰り返せ

「笑われる前に笑え」を肝に銘じなさい

人によって、恥の種類は多岐に渡る。死にたくなるほどの大恥をかいたあと、それをずっと引きずる人は、だいたい内気で他人の視線を気にする人ではないだろうか。他人に笑われるのが嫌、バカにされるのが嫌……考えれば考えるほど落ち込んでしまう。

ならばいっそ、思い切ってその恥をネタにして、自分から笑いを取りにいってはどうだろうか。

恥をかいたことをずっと気にしていては、逆に周囲も気を遣う。本人が開き直ってしまえば、もう他人も気にしなくなる。また、人間は同じ話題を続けていると飽きる性分なので、自分からしつこく恥の話をすれば、「もうその話はいいよ」と言われるときがくるだろう。「笑われる前に笑え」である。

自分から暴露してしまえば吹っ切れてしまうかも!? 写真／By hans s

緊急事態発生!!

挿入中にコンドームが破れたら

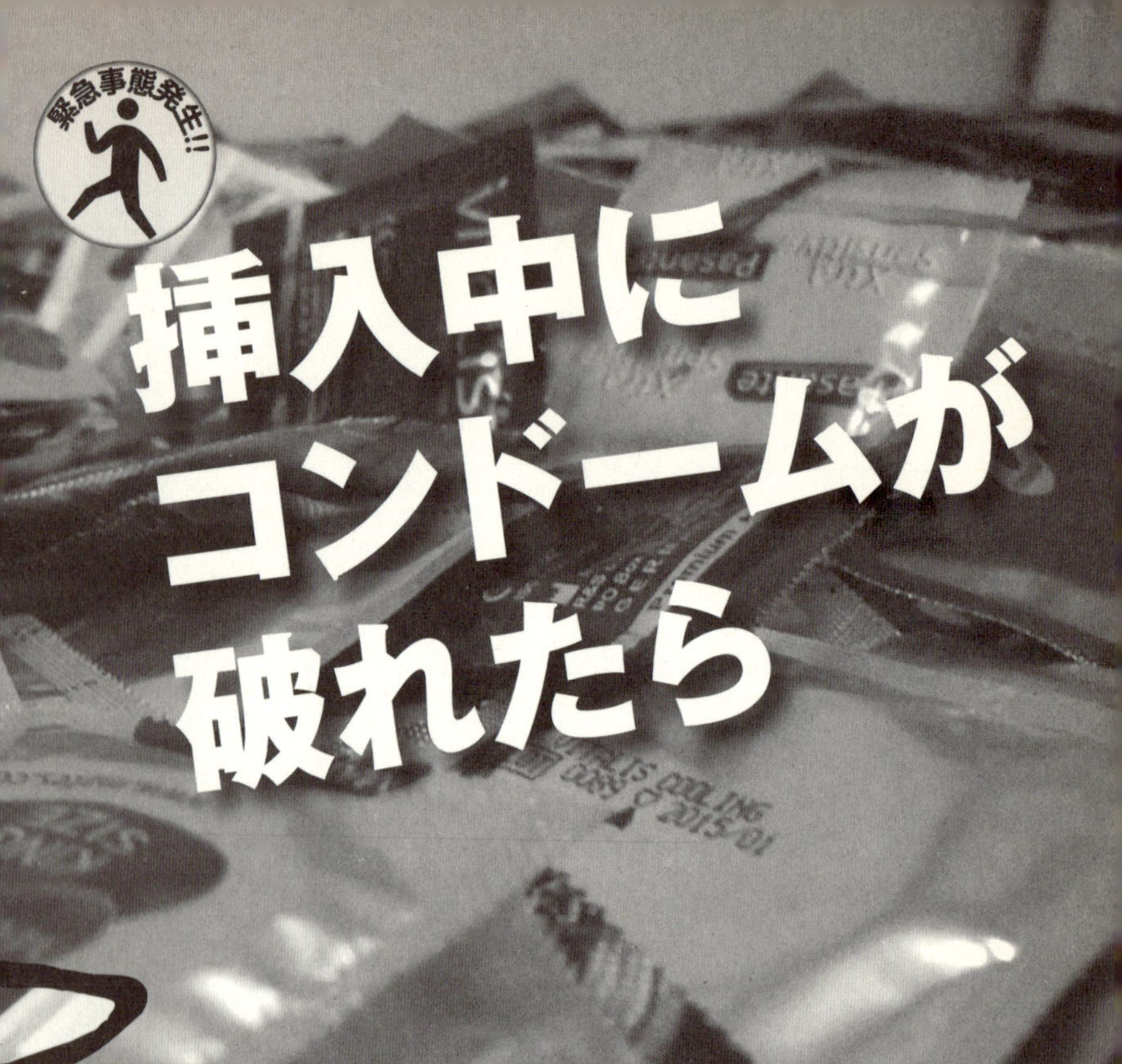

しばらく予定がないなら、劣化したコンドームは破棄しよう。写真／By robertelyov

異姓とセックスをするのは、すべてが妊娠目的ではない。愛を確かめ合うためのセックスも大切なことだ。そんな妊娠目的以外のセックスで、コンドームは避妊具として大活躍している。しかし、挿入中にコンドームが破れてしまうと事態は急変。結婚するか堕胎するかを考えなければならず、男女ともに大きな不安に襲われる。これが原因で、パートナーと大ゲンカに発展することも……。

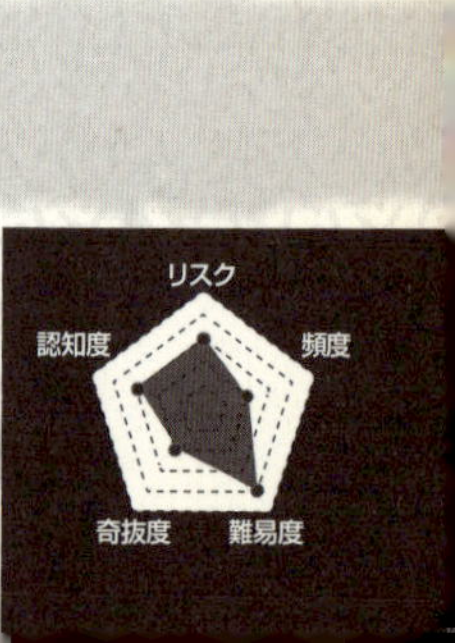

サバイバル術

24時間以内に避妊薬を飲め

95%の確率で妊娠を回避できる！

コンドームが破れる原因は色々ある。たとえば2枚重ねての使用。これは摩擦によって破れやすくなる。また意外と知られていないが、コンドームには使用期限があって、それを超えると劣化するので破れやすい。

このように、最初から正しい使用法を守ってセックスをするのが一番だが、破れてしまってから言っても遅い。膣内で射精してしまったときは、最後の手段として事後避妊薬を飲もう。産婦人科で処方してもらえるモーニングアフターピルは、受精卵の着床よりも早く子宮粘膜を剥がすので、射精後から24時間以内に服用すれば95%の確率で避妊することができる。ただし、これは女性に対して副作用もあるので、できればあまり使用したくない方法だ。

モーニングアフターピルは中絶薬と違うので、妊娠後に飲んでも効果がない。写真／By Sarah Korf

緊急事態発生!!

誰かに監視されている気がしたら

監視カメラでつねに見張られていると感じる声も多い。写真／By jonathan mcintosh

現在、電車に乗れば、ほとんどの人が携帯電話をいじっている。実は彼らは、みんな自分を監視しており、メールで監視情報のやり取りをしていると考えたことはないだろうか。アメリカやイギリスでは、集団でストーカーされていると感じる人が増えているという。一度そう感じると、疑惑の念はどんどん深くなる。しまいには、周りの人すべてが信じられなくなって精神が崩壊していき……。

認めたくないだろうが統合失調症の可能性大

近年、増え続けている集団ストーカーの被害妄想だが、冷静に考えれば世の中すべての人が自分を監視するメリットなどない。誰かに監視されていると感じるのは、統合失調症の可能性が高い。「自分は精神病なんかじゃない」と感じる人も多いかもしれないが、精神病とは誰でもかかる可能性のある病気なのだ。ストレスが溜まって鬱になれば、周囲の人が自分の悪口を言っているように思い始める。これが重度になってくると、他人の行動が自分への嫌がらせに思えてきたり、自分は監視されていると思い込むようになったりする。

そうなったときは、躊躇せずに精神科へ行くことだ。きちんとした治療を受ければ、そんな思い込みも消え失せるだろう。

迷わず精神科へGO!

どうしようもないとき、精神科は助け船となってくれるかもしれない。写真／By Joe Houghton

緊急事態発生!!

アキレス腱が切れたら

運動する前はアキレス腱を伸ばす準備運動をすることが大切。マラソンが趣味の人はとくに念入りに。写真／By zachflanders

20代の人はあまりないが、30代になると体のさまざまな部分が弱くなってくる。とくにアキレス腱は、体を支えている箇所なので損傷しやすい。スポーツで損傷する以外にも、急に立ち止まったり踏ん張ったりするだけで、アキレス腱が切れることもある。すると皮膚の下で出血が起こり、次第にその部分が腫れ上がる。やがて、歩くこともできず、立つことすら困難になる場合も……。

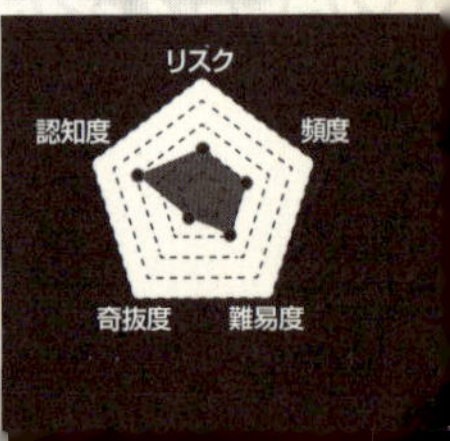

添え木で固定しろ

アイシングができるなら患部を冷やすべし

アキレス腱に痛みが走ったら、無理に動かそうとせずもう片方のアキレス腱をさわって比べてみよう。患部が少し陥没していたら、切れている可能性大。だとすると、すぐに座ってしかるべき処置をしよう。

もし、横になれる場所なら、そうしたほうがいい。そしてアキレス腱の切れ目が開かないように、足首を伸ばす。

アイシングができるのなら、患部を冷やしておくのも効果的だ。

医者が呼べない場合は、足首を伸ばした状態を維持できるよう添え木を当て、包帯などで巻き付けること。あるいはテーピングなどで固定する。そして、アキレス腱が切れたほうの足に体重をかけないようにしながら医者の到着を待とう。

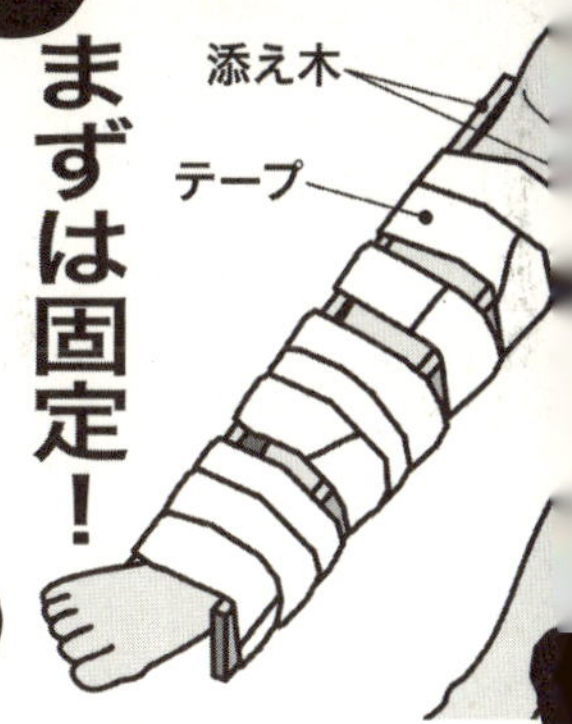

緊急事態発生!!

幽霊にとり憑かれたら

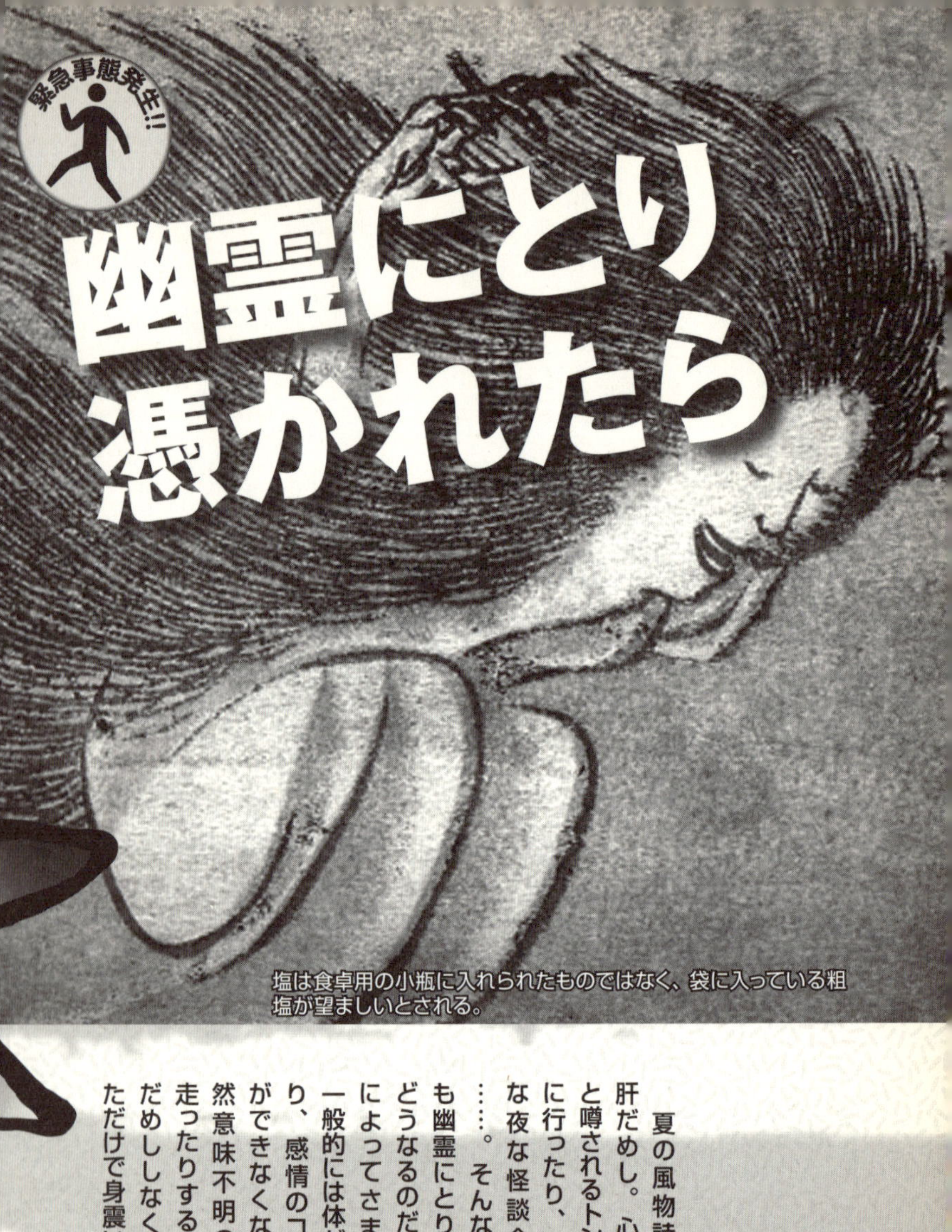

塩は食卓用の小瓶に入れられたものではなく、袋に入っている粗塩が望ましいとされる。

夏の風物詩のひとつ、肝だめし。心霊スポットと噂されるトンネルやダムに行ったり、みんなで夜な夜な怪談会をしたり……。そんなとき、もしも幽霊にとり憑かれたらどうなるのだろうか。人によってさまざまだが、一般的には体が重くなったり、感情のコントロールができなくなったり、突然意味不明の言葉を口走ったりするという。肝だめししなくとも、考えただけで身震いする……。

塩を口に含んで叫べ！

霊験あらたかな塩を武器にしろ！

古来より、塩は悪しき者を打ち払う力があるとされている。葬式から帰ってきた後、玄関をまたぐ前に体中に塩を振りかけるのも、その効果を期待してのこと。あれは禊祓いといって、日本神話で黄泉の国から戻ったイザナギが、体のけがれを落とすために海水で洗ったことに由来する。そのため、心霊スポットに行く前や怪談会をする前は、塩を準備しておけば安心。とり憑かれたと思ったら、それを体に振りかけよう。または口に含むのもいい。そして、「幽霊よ、散れ！」などと叫ぼう。すると、気分がラクになるはずだ。

　幽霊がいるかどうかは別にして、精神的な問題の場合もある。霊験あらたかな塩を使うことで、自分は安全だと思い込むことも大切である。

緊急事態発生!!

ボットン便所にはまったら

色んな意味で地獄へ真っ逆さまの穴。使わないときは木の板で蓋をするのを忘れずに。写真／ By timtak

都会では見られなくなったボットン便所こと、汲み取り式便所だが、一部の田舎では今もなお健在だ。多くは家の外に設置されており、便器の底は直接汚物を貯めておくタンクにつながっている。

　深さによっては、落下の衝撃で死ぬことも。落下で死なくても、窒息や衰弱により死んでしまうこともあるようだ。事実、2010年には高知県のボットン便所で亡くなった方もいる。

サバイバル術

息を止めて這い上がれ

窒息死・衰弱死の危険もあり！

ボットン便所の便器の下には、まず「臭気だまり」という臭気を逃がす部分がある。そこからパイプで便を貯めておくタンクまでつながっている。つまり、タンクには大量の便とともに、強烈な臭気が充満しているのだ。そこにはメタンガスも充満しているのだが、これ自体は人体に害はない。しかし糞尿の量によっては、それで窒息死してしまうことがあるという。

そのため、ボットン便所のタンクまで落ちたら、なりふり構わずに息を止めて這い上がるしかない。体が落ちても後でいくらでも洗えるが、命まで落としたら元も子もない。這い上がることができなければ、大声で助けを求めよう。誰にも気付かれないまま衰弱死……ということだけは避けたい！

臭気を吸わないよう息を止め、何とか這い上がれ！

緊急事態発生!!

海賊に出くわしても

ソマリアの海賊は1990年に起きた内戦以来、爆発的に増え始めた。写真／By DVIDSHUB

海賊が活躍していたのは中世時代のことで、現在は某人気マンガの世界に存在するくらいだと思っている人も多いのでは？

しかし、この時代にも海賊はいる。有名なのがソマリア沖を縄張りにしている海賊だ。彼らはGPS機能のついたレーダーや衛星を使った電話、自動小銃などで武装し、商船を乗っ取っては身代金交渉をしている。現実は、決して●フィーのようなヤツらではないのだ！

海賊船に「人質の安全を保証する」規則が！

海賊が船に掲げているドクロマークの旗には、「降伏するなら命の保証はするが、抵抗すれば皆殺しにする」という意味合いがある。現在も活動中の海賊たちの目的は、殺戮や物資の強奪ではなく、占拠した船を所有する船会社から身代金を奪うことだ。2008年にはフランス軍がソマリア沖に出没する一部の海賊を制圧したが、そのヨットからは人質の安全を保証する規則書が発見されている。実際、人質になっても暴力を振るわれることはないし、食事も与えてもらえる。タバコや酒をもらえることもあるという。

海賊に出くわした場合の対処法として、大人しく人質になってしまったほうが得策。下手に抵抗すると自分の身が危険になるだけだ。

大人しく降伏すれば殺されることはない

カップ麺のお湯をかぶったら

痛みが引いたらガーゼをあてて包帯を巻く。うずくときは氷のうなどで患部を冷やし続ける。

作りかけのカップ麺を倒してしまい、熱湯を体に浴びれば当然、火傷を負う。「皮膚が赤くなってヒリヒリする」ような、カップ麺のお湯程度ならばⅠ度の火傷。ダメージが皮膚の内側に達し、水ぶくれやただれがともなえばⅡ度、皮膚が黒または白くなって周囲まで痛みがおよんだらⅢ度の火傷である。

Ⅱ・Ⅲ度は生命に危険が及ぶので、すぐ119番通報を。Ⅰ度の火傷なら応急処置で大丈夫だ。

15分間、患部を冷水に浸せ

いきなり薬を塗るのはNG、一刻も早く水道へ

熱湯で火傷をしたら、台所か洗面所へダッシュ！　流しっぱなしにした水道水で、ダメージを受けた患部を15分以上冷やそう。すると火傷が広がるのを防ぎ、赤みと痛みも引いていくはずだ。氷や保冷剤も役に立つ。これらがない場合は、ペットボトルの水でもいい。

衣服を着たまま火傷してしまった場合は、服の上から冷やすのが鉄則。というのも、慌てて服を脱ぐと皮膚がはがれてしまう場合もあるためだ。水ぶくれができた場合は、つぶすと治りが遅くなるのでNG。

また、冷やすことが第一なので、冷やす前に薬を塗らないように注意。応急処置後、ガマンできない痛みが残る場合や、水ぶくれができたときには必ず専門医に相談すべし。

味噌や油を塗るといった民間療法は雑菌が繁殖しやすくなるため、逆効果。写真／By Robbert van der Steeg

元彼が厄介なストーカーになったら

緊急事態発生!!

― ストーカーのターゲットは特定の相手のみ。無関係の人にはごく普通に接する。写真／By mrhayata

増加傾向にあるストーカー事件。片思いがエスカレートする場合が多いと思われがちだが、警視庁の統計によると、元交際相手からストーカー行為を受けるケースがもっとも多いという。

ストーカーの厄介なところは、「自分を理解しない相手が悪い」という具合に、強烈な被害者意識を持っている点。「自分は正しい行動をしている」と陶酔感に浸り、エスカレートしてしまう。

証拠と証人を集めろ

「あとをつけられている」と感じたら、日常の行動全般に気を配ること。

サバイバル術

警察にすばやく動いてもらう準備を

ひとりで解決しようとしてはダメ。家族や友人に相談し、味方になってもらおう。ただし、相手との話し合いを考えないこと。周囲の人たちが暴力沙汰に巻き込まれる場合もある。

協力者を作ったら、彼らに証人になってもらい警察に駆けこむべし。このとき重要なのが、ストーカー行為を受けているという物的証拠。着信メールや手紙、贈り物などの物的証拠を被害届と一緒に提出すれば、警察も動きやすく、「ストーカー規制法」に基づく警告をしてくれる。

警告に従わない場合は、都道府県公安委員会が禁止命令を出すが、それでも従わない場合は1年以下の懲役または100万円以下の罰金となる。とにかく、一人で悩むな！ということだ。

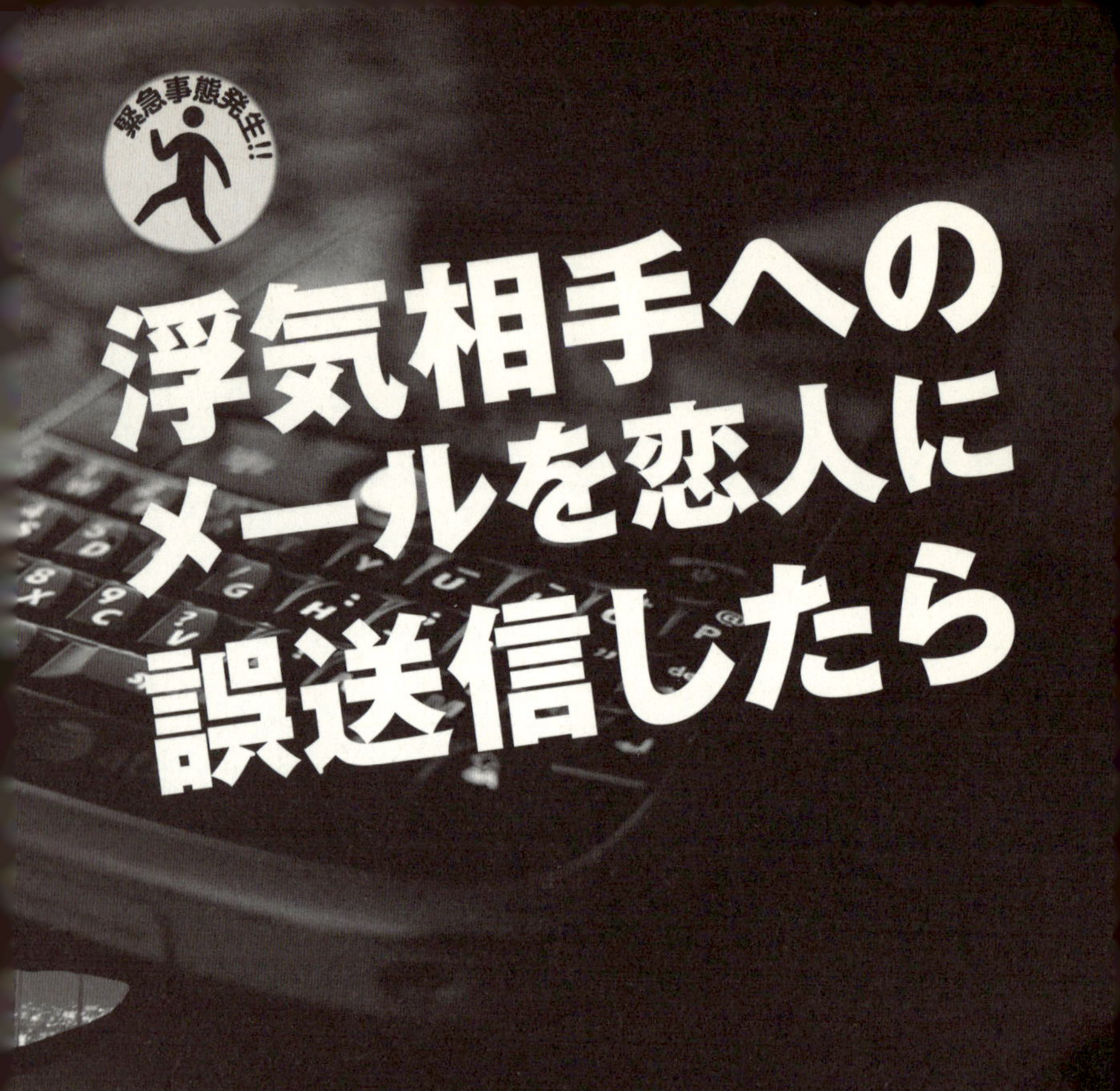

浮気相手へのメールを恋人に誤送信したら

誤送信した場合のことも考えて、浮気相手へのメールは言葉選びに気をつけるべき?写真／ By Dushaun

手紙を自筆でしたためていた時代には、ラブレターを間違えて浮気相手に出すようなヘマは誰もしなかっただろう。

だが今は、ケータイでちょっと誤った操作をすれば、相手を間違えるなんてことはよくある。間違いに気付いたときは、時すでに遅し。次の瞬間、恋人から怒りの電話がかかってくるに違いない。「このメール、何なの!?」と怒り狂う恋人を鎮める方法はないのか?

8割白状して2割は隠せ

サバイバル術

本当にヤバイ部分は絶対に隠し通すべし

恋人との関係を終わらせたいのなら、すべてを話せばいい。だが続けたいなら、ある程度の真実を白状するのがベター。「うしろめたい関係があるならば、隠そうとするはず」という心理の裏をかき、「正直に話すということは、まだそれほど深い関係ではないかも……」と思わせてしまう作戦だ。

ただし、「本当は何度も会っていた」「実は一線を越えている」といったヤバい部分は絶対に隠すべし。その比率は、関係性にもよるが〝8割白状して2割は隠す〟程度が丁度いいだろう。

8割方打ち明けてしまえば、うしろめたさも減ると同時に、後で嘘の上塗りをせずに済む。だが、大事なのはメールの誤送信をしないこと、そして何よりも浮気をしないことだ。

適当な言い訳でやり過ごそうとすれば、相手の疑念は膨らむ一方だ。

ジェットコースターで失神しそうになったら

日本で一番過激なジェットコースターの最大負荷は6G。失神するには十分な数値だ。写真／By a4gpa

航空機パイロットはよく「一瞬、目の前が真っ暗になる」という経験をする。これは加速と重力により脳内の血液が減少することで起こる「グレイアウト」と呼ばれる現象で、嘔吐・失神することもある。個人差はあるが、ジェットコースターなどでも起こり得る。

運転するわけではないので、失神したところでさほど危険はないものの、やはり恥ずかしいので防ぎたいところだが……。

全身に力を入れて血液の過剰な移動を防げ

全身に力を込めれば、パイロットの耐Gスーツと同様の作用がある!?

乗り慣れてきたころが一番、危険！

パイロットは空気を送り込んで下半身を締め付ける耐G（加速度）スーツを着用する。その理論で、ジェットコースターの場合も「気を抜かず、全身に力を込める」のが対処策となる。グレイアウトは、Gがかかることによって脳内の血液が下にさがることが原因。それを全身に力を込めることで、血液の過剰な移動を防ぐのだ。ということは、恐怖で体をこわばらせる初回はさほど心配はなく、若干気持ちに余裕が生まれる頃が危険となる。およそ3Gからグレイアウトのリスクが発生するとされるが、ジェットコースターは過激なものになると6Gほど負荷がかかる。後ろの席よりも、前の席の方がGが多い。ジェットコースターに乗り慣れていても気を抜かないように。

緊急事態発生!!

全財産が入ったカバンをひったくられたら

「ドロボー！」と叫ぶと周りが躊躇するので、「火事だ！」などと叫んで注意を引くのも手。写真／By AmandaBreann

持っているカバンの形状や体力的な面で、若い女性や年配者はひったくり犯のターゲットになりやすい。

　財産の入ったバッグを奪われるだけでなく、車によるひったくりでそのまま引きずられて命を落とすという最悪のケースも。ただ奪って逃げるだけの単純な犯行なため、犯人が周到に準備したり武装したりしていない場合も多く、追いかけて捕まえることも不可能ではなさそうだが……。

「犯人は左折する」と思え

データ上では8割が左折！

車やバイクによるひったくりで、そのまま引きずられそうな場合は迷わずバッグを手放すこと。ただし、バッグの中に全財産が入っていれば追いかけたくなるもの。女性や年配者は周囲にSOSを求めることになるが、ひったくり犯を追いかけるにあたって興味深いデータがある。

兵庫県警がひったくり犯の行動パターンを分析したところ、その約8割が逃亡する際に左折する進路をとるという結果が出たのである。

実際に事件を捜査する際、データを元に重点警戒地域を現場から左寄りにシフトしたところ、検挙率が格段に上がったという。

追いかける際は左折を意識すると見失わないかも!?

緊急事態発生!!

酒場でケンカに巻き込まれたら

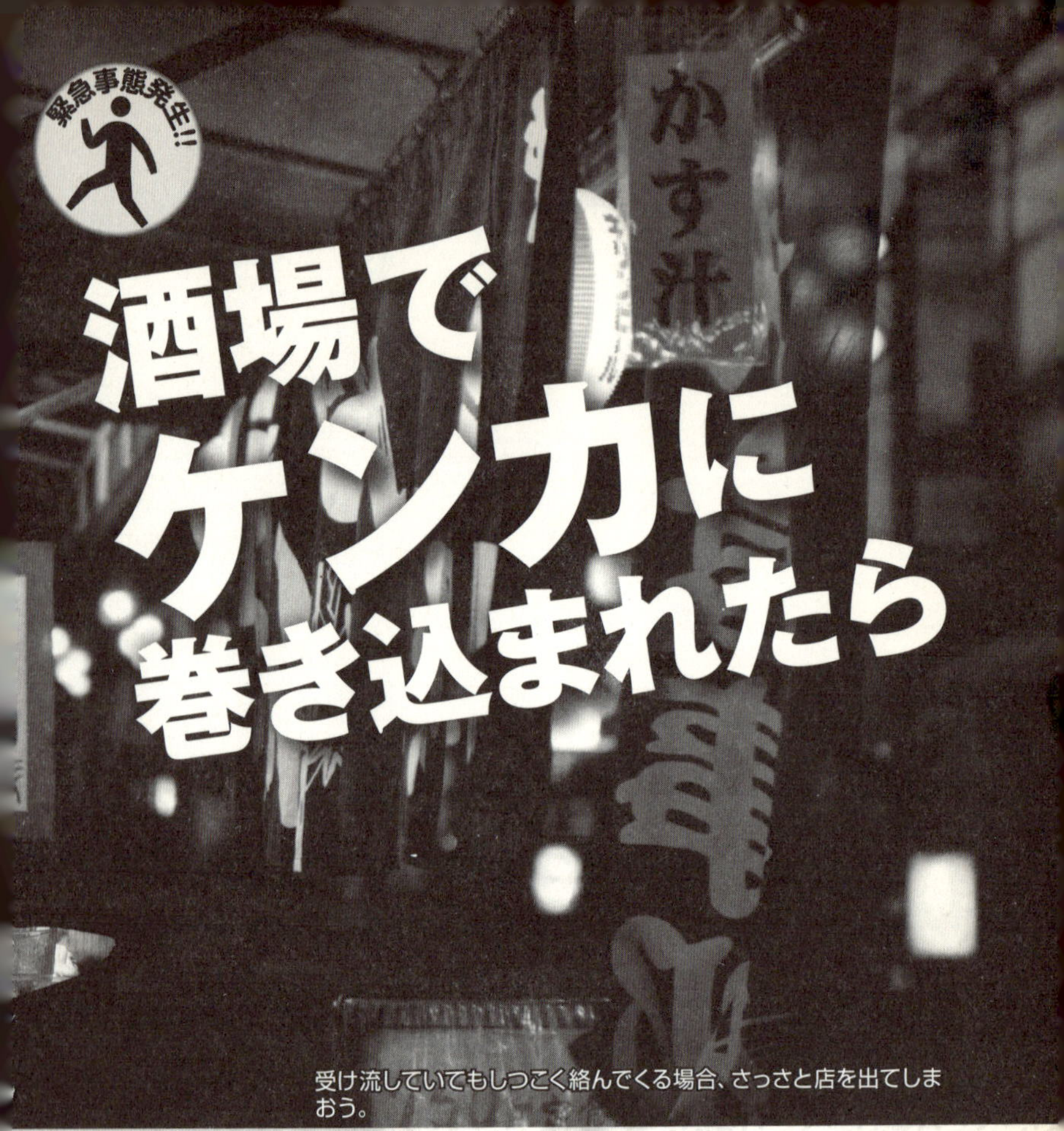

受け流していてもしつこく絡んでくる場合、さっさと店を出てしまおう。

2010年末、歌舞伎役者の市川海老蔵が酒の席で客とケンカになり、左頬の骨を陥没させられるという哀れな事件が起きたのは記憶に新しい。さらに哀れなことに、世間に恥をさらしたということで、歌舞伎界では前代未聞の無期限謹慎処分を受けた。この事件のように、酒の席でのトラブルは損するばかりで得なことがない。もし酒癖の悪い人に絡まれたら、どう対処すべき？

適当に謝っておけ

サバイバル術

お酒を飲むと理性を失いやすいが、ケンカになりそうなときこそ冷静になるのが大事。

受けて立っても一文の得なし

海老蔵事件では、どちらが先に絡んだのか、真相は不明とされている。酒の席でのケンカは、どちらの言い分が正しいのか判別がつきにくい。もし酒癖の悪さで有名な海老蔵に絡まれた場合、対処法としてはサインをねだるのが一番である。

というのは半分冗談。要するに誰が絡んできてもケンカ腰にならず、冷静に受け流すことが大切なのだ。

もし相手が何らかの理由で怒っていても、適当に謝っておくべし。相手は酔っているのですぐに忘れてしまうはずだ。

たとえ向こうが手を出してきても反撃してはいけない。怪我は酔いが覚めてもなくならない。後々、たいへんなことになる。怪我をさせられたら、証人を確保した上で警察に相談しよう。

緊急事態発生!!

早死にする家系に生まれたら

寿命は、遺伝よりも環境や生活習慣に深く関連している。写真／By Beverly & Pack

そもそも「早死する家系」はあるのか。遺伝子は寿命に関係するのか——。ある調査結果によると、遺伝素因の約25％は寿命の決定にかかわっているという。残りの75％の非遺伝素因は、生活習慣や環境などが挙げられる。

もし、自分の家系が揃いも揃って早死にしている、となると何か対策をしたいところだが、寿命のコントロールはそう簡単にはできない……。

サバイバル術

赤ワインを飲め

赤ワインに含まれる成分が長寿遺伝子を活性化する

寿命に大きく影響を与えるのが、エネルギー代謝をコントロールする遺伝子群だ。エネルギー代謝が鈍ると細胞の機能が低下する。つまり、この遺伝子群を活性化することで理論的には長寿を期待できるのだ。活性化のヒントとして、ある調査結果が挙げられる。ヨーロッパでもっとも脂肪を摂取するフランス人が、意外にも心筋梗塞発症の割合が低いというものだ。理由として、フランス人が愛飲する赤ワインに含まれる「レスベラトロール」というポリフェノールの一種が影響しているという。このレスベラトロールが、長寿遺伝子を活性化させるというのだ。

「赤ワインを飲めば長寿になる」と結論づけるのは乱暴だが、対策のひとつとして取り入れるのはアリかも。

腹7～8分目を心がけ、摂取するカロリー量を調整するのも長寿への道だ。写真／By Mr. T in DC

針が血管内に入り込んだら「すぐに抜き出せ」……はウソ

子どもの頃、大人から「針が血管の中に入ると、やがて針が心臓にたどり着き、突き刺さってしまうから気をつけるように」と教わった人もいるのでは?

たしかに体中の血は、静脈流によって心臓へ流れ込むたどり着くことはほとんどない。指先や足先に集中している血管は細く、針全体が血管内に入ってしまう前に筋肉繊維によって固定されるのだ。仮に、数ミリ単位の針全体が繊維に固定される前に血管内に入ったとしても、血管はまっすぐではないので、どこかでつっかえるはず。運悪く心臓まで流れ着いたとしても、心臓には弁があるのでそこで止まる。もちろん、その程度で致命傷になることはない。ご安心を。

正解は「慌てるな」

折れた針を踏むと危険だ、ということを大人たちは教えてくれたのだろう。

LEVEL 3

そろそろ命が危ない!
決死の思いで乗り切るケース

緊急事態発生!!

毒キノコを食べてしまったら

エレガントな外見とは裏腹に、肝臓や腎臓をスポンジ状に破壊する強烈な毒キノコも。写真／By fotoroto

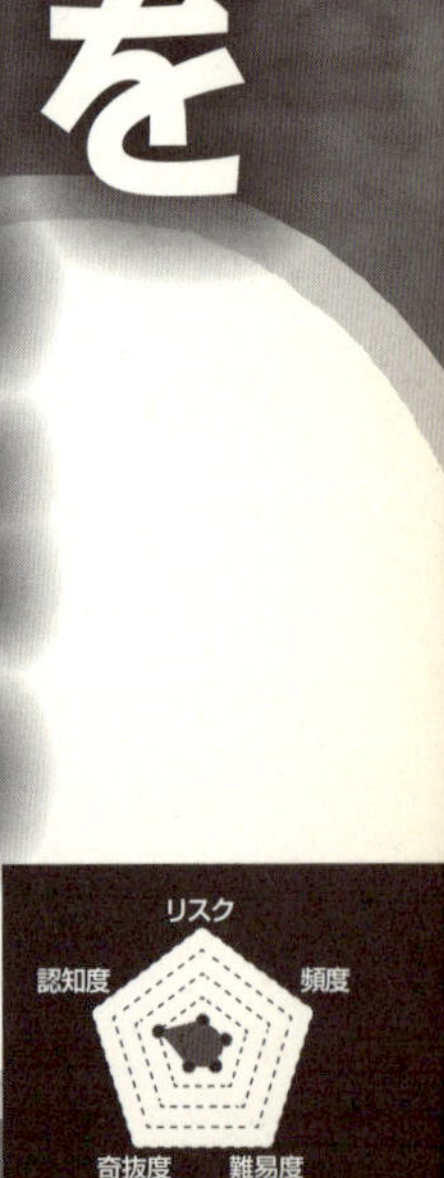

日本には、およそ50種類の毒キノコが存在する。年々減少してはいるものの、現在もなお年に数百人の毒キノコ中毒者、数人の死亡者を出していると言われる。

毒キノコの毒には2種類ある。神経系に作用するものと消化器系に作用するものだ。とくに怖いのは、消化器系に作用する毒キノコ。下痢や嘔吐にとどまらず、内臓に著しい損傷を与え死に至らしめることもあるという……。

LEVEL 3

サバイバル術

とにかく吐き出せ！胃の中を空にせよ!!

毎年数人を殺す毒キノコ、新種も発見！

とにかく、吐き出すこと。ぬるま湯を飲みながら指を口の中に入れて何度も吐き、胃の中を空っぽにする。毒の作用に潜伏期間がある種類も少なくないのだが、それでもこの対処が第一だ。そして、すみやかに病院で治療を受けること。できれば食べたキノコを持って行くといい。

治療法はキノコの種類によっても変わるが、胃腸内で毒性物質を吸着する活性炭を飲んだり、腸からの水分吸収が阻害されるために起こる脱水症状対策として輸液投与などを行うのが一般的である。

これまで、「かじって吐き出すだけならさほど深刻な事態にはならない」と軽視されていた毒キノコ。だが、熊本県などで厄介な新種も発見されている。あなどることなかれ。

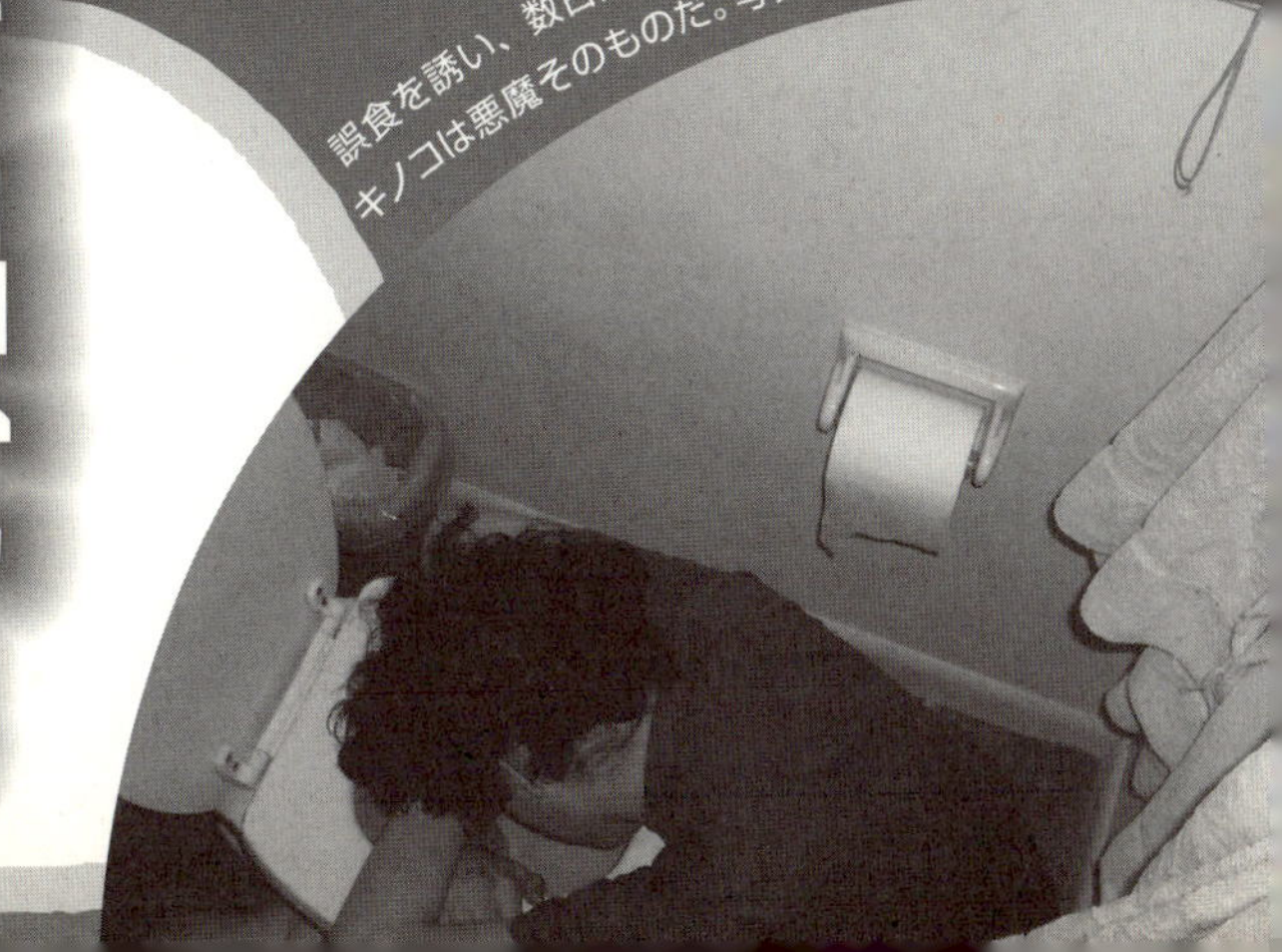

誤食を誘い、数日間七転八倒の苦しみを与える毒キノコは悪魔そのものだ。写真／By Mike Burns

緊急事態発生!!

砂漠で遭難したら

知識もないままさまようと、思わぬ危険に遭遇することに……。写真／By Chris_Eden

四方八方見渡す限り砂の大地――そんな砂漠での遭難は、おそらく誰もが「死」をイメージするであろう深刻な事態である。まず「飢え」と「渇き」が連想されがちだが、「砂漠でのもっとも多い死因が溺死」という意外なデータがあるように、砂漠は想像だにしない危険の宝庫でもあるのだ。そうそう直面することはないシチュエーションではあるが、万一のため対処法を知っておいて損はない。

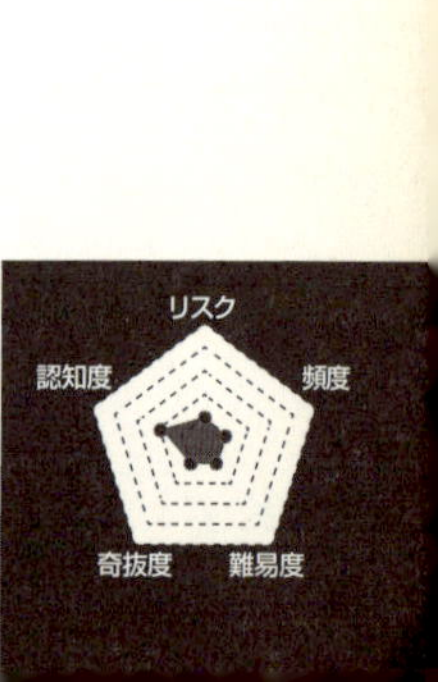

サバイバル術

下手に動かず「待ち」に徹せよ

さまよい歩いても勝ち目はゼロ！

何とかして人のいる場所にたどり着きたいところだが、広大な砂漠でそれはNG。動き回れば体力を無駄に消耗するし、危険地帯に足を踏み入れかねない。

正しい対処法は、おとなしく助けを待つこと。たとえば、遭難の原因が飛行機の墜落によるものなら、2時間以内に発見される確率は実は80%にものぼる。光を反射する鏡や夜間に居場所を知らせる懐中電灯があれば、それを使って待ちに徹する。日中の灼熱の日差し、夜間の冷え込みのほか、脱水症状がさしあたってのリスクだ。

気候の問題は手持ちのアイテムでしのぐしかないが、脱水症状に関しては動かないことで時間を稼げる。消化にも水分を必要とするので、可能な限り食料も摂らない方がベターだ。

ぜひ持っておきたいアイテムは、居場所を知らせるための鏡と懐中電灯だ。

緊急事態発生!!

毒クラゲに刺されたら

クラゲの大量発生時には、1日300回も救急車が出動するということも。写真／By skunks

クラゲの毒はタンパク質性毒や溶血性致死毒、神経毒などがあるとされるが、未知の部分が多い。症状もクラゲの種類によって、ピリピリする程度のものから激痛をともなない、生命にかかわるものまでさまざま。

毒性の強いクラゲに繰り返し刺されるとアレルギー反応が発生し(アナフィラキシーショック)、呼吸困難や心臓停止を引き起こす。こうなると、一刻を争う事態だ……!

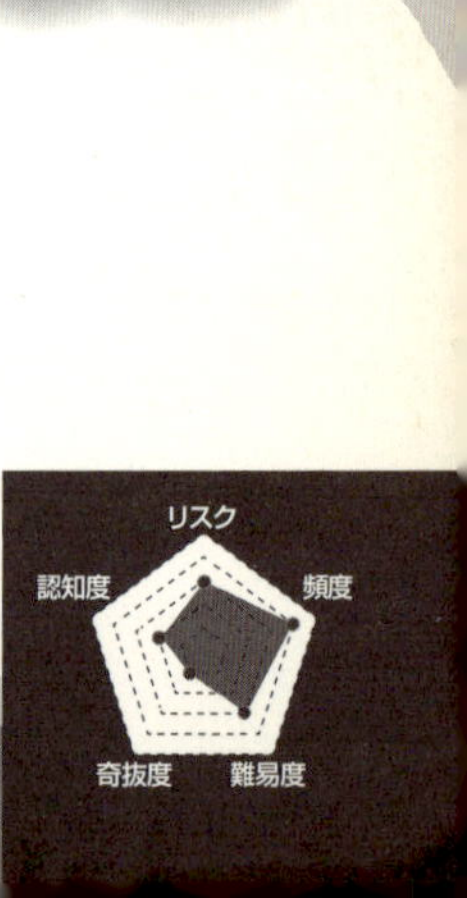

サバイバル術

患部に酢をかけるのも手！

酢・アルコール・アンモニア水…どれが効く？

まずは、クラゲに刺された部位をこすらないようにして海水で洗い流す。ここで注意しなければならないのは、決して真水を使わないこと。真水をかけると刺胞を刺激して悪化するおそれがあるのだ。

刺胞が残っていれば、直接触らずにピンセットなどで抜き取ること。また、クラゲの種類がわかれば、それに応じた応急処置を。ハブクラゲやアンドンクラゲの場合は「食酢」をかけることで、刺胞から出される毒を分解できる。カツオノエボシの場合は「アルコール」や「アンモニア水」を患部にかけるのが効果的だ。ただし、クラゲの種類がたしかでない場合は下手に触らないように。

海水浴場にはその地域のクラゲに応じた薬が用意されていることも多い。写真／By junmon603

緊急事態発生!!

のどに異物が詰まったら

餅をのどに詰まらせてしまう高齢者の事故は多い。写真／By kevygee

異物がのどに詰まる状態には、食道に詰まるケースと気道に詰まるケースの2パターンがある。食道に詰まった場合、唾液が増え嘔吐などを引き起こすが、まず死亡することはない。しかし、気道に詰まった場合は大至急、取り除かなければ窒息死することも……。

「救急隊員到着前に異物を取り除くと生存率6割、到着後だと1割弱」というデータからも、迅速な処置が極めて重要だとわかる。

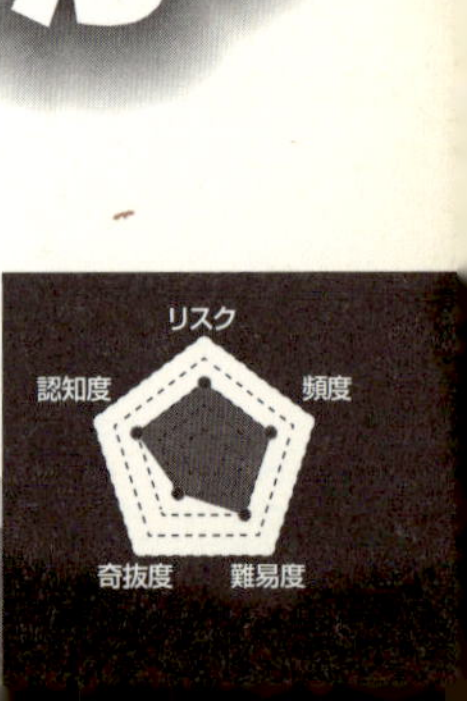

サバイバル術

背中を叩き指でかき出してもらえ

居合わせた人の知識次第で運命が変わる！

まずは異物を除去することが第一だが、自力でかき出すことは不可能に近いため周囲の協力をあおぎたい。ただし、食道が完全に閉塞している場合は声も出せないので、異常事態を伝える術を習得しておくといい。

処置法としては、体を横向きにして背中を叩きながら指でかき出す方法や、抱きかかえて胸と上腹部を強く圧迫し、横隔膜を押し上げることによって異物を除去する方法などがある。せきも出ない場合には、この方法を行うべきとされている（乳児を除く）。意識がなくなったら、胸の動きを確認しながら人工呼吸を行う。ただし、折れた肋骨が心臓に刺さるなどの事故もあるので要注意。

緊急事態発生!!

銀行で強盗に遭遇したら

英雄になろうとするなら命はないものと思え。
写真／By gcfairch

アメリカやイタリアなどと比べると、日本では銀行強盗はそれほど頻発しない。とはいえ、金融機関もそれに対する訓練を行っているわけだから、利用者側もそれなりに対処策を考えておかなければならない。

犯人にしてみれば、かなり切羽詰まった状況で人生を投げうって押し入っているはず。そんな犯人を相手に、下手な行動を取ったりすれば命を失う事態になりかねない……。

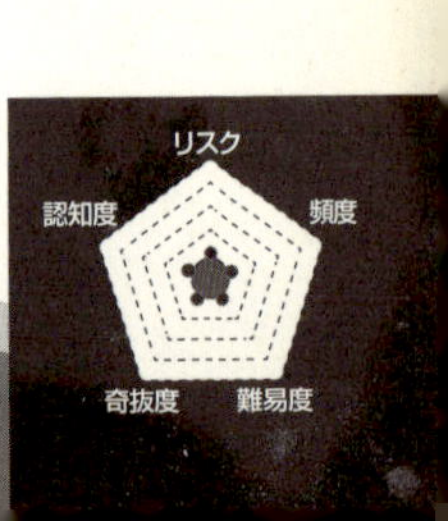

サバイバル術

通報や抵抗は厳禁！とにかく大人しくしてろ

金がすべて奪われても銀行に痛手なし

強盗に遭遇したらどうしたらいいか？

その答えは金融機関側の強盗対策にある。金融機関は人命第一で行動するよう教育されており、まず金を守ろうとはしない。しかも、一支店の保有金がすべて奪われたところで、銀行にとってはさほど痛手ではない。

そんな事情を考えれば、通報や抵抗などという行動は必要とは言えないだろう。万一、それが原因で命を失うようなことがあったら無駄死にだ。すみやかにその場に伏せ、犯人の目に付かないようじっとしているのが得策。後に犯人の特徴をいくつか挙げることができれば、それは十分過ぎる貢献だろう。だからと言ってジロジロ見たりすると、気が立っている犯人に射殺されかねないので、ほどほどに。

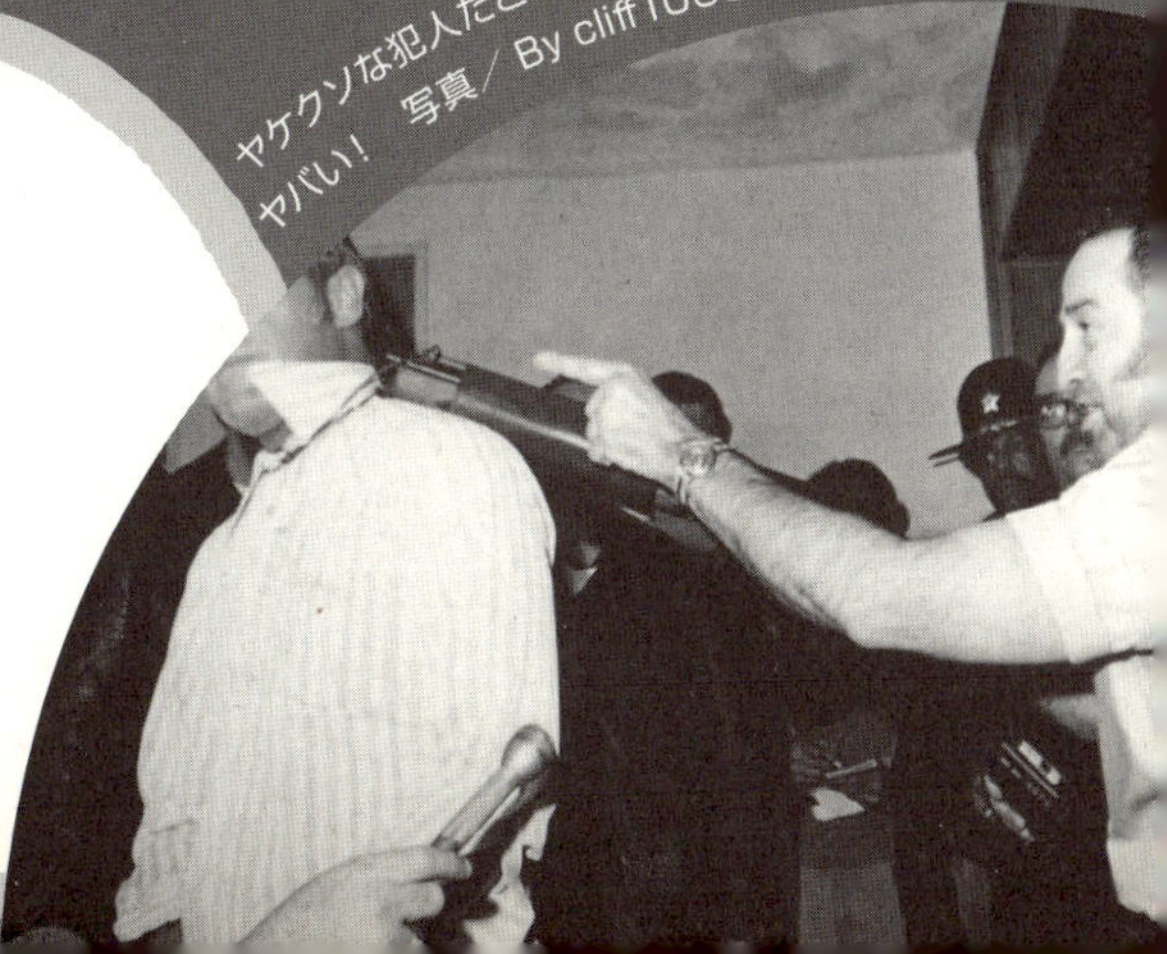

ヤケクソな犯人だと、視界に入ってしまっただけでヤバい！　写真／By cliff1066™

イノシシが突進してきたら

子を守ろうとする母の攻撃力はすさまじい。写真／By minicooper93402

「猪突猛進」という言葉もあるが、子どもを連れているイノシシはとくに危険。

ほかの動物と遭遇すると、子どもを守るためトンでもない勢いで突進して攻撃してくる。車をへこますほどの馬力で体当たりされ、鋭い2本の牙で突かれたらひとたまりもない。極力遭遇しないようにするのがベストだが、山林が次々と破壊されている近年は人里に降りてくる例もあるので、油断はできない。

サバイバル術

横っ跳びでかわし逆方向に逃げろ!

チャンスは一瞬! ミスしたらその先は地獄

イノシシの攻撃はあくまで平面的かつ直線的なので、高い所に避難すれば助かるケースが多い。近くに樹木があれば、そこに登れば安心だろう。だがない場合は、一気に難易度が上がる。突進してくるイノシシがぶつかる寸前に横っ跳びでこれをかわし、すぐに逆方向へ走って逃げる! イノシシはさほど深追いしてこないが、逃げた方向にイノシシの子どもがいると話は別だ。また、かわすスペースもない場合はさらに難易度が上がる。上方に避難経路を見出すしかない。つまり、イノシシを跳び箱に見立てて飛び越えるのだ。また、目の前で傘を開きイノシシの視界を遮ると、驚いてひるむので効果的だ。

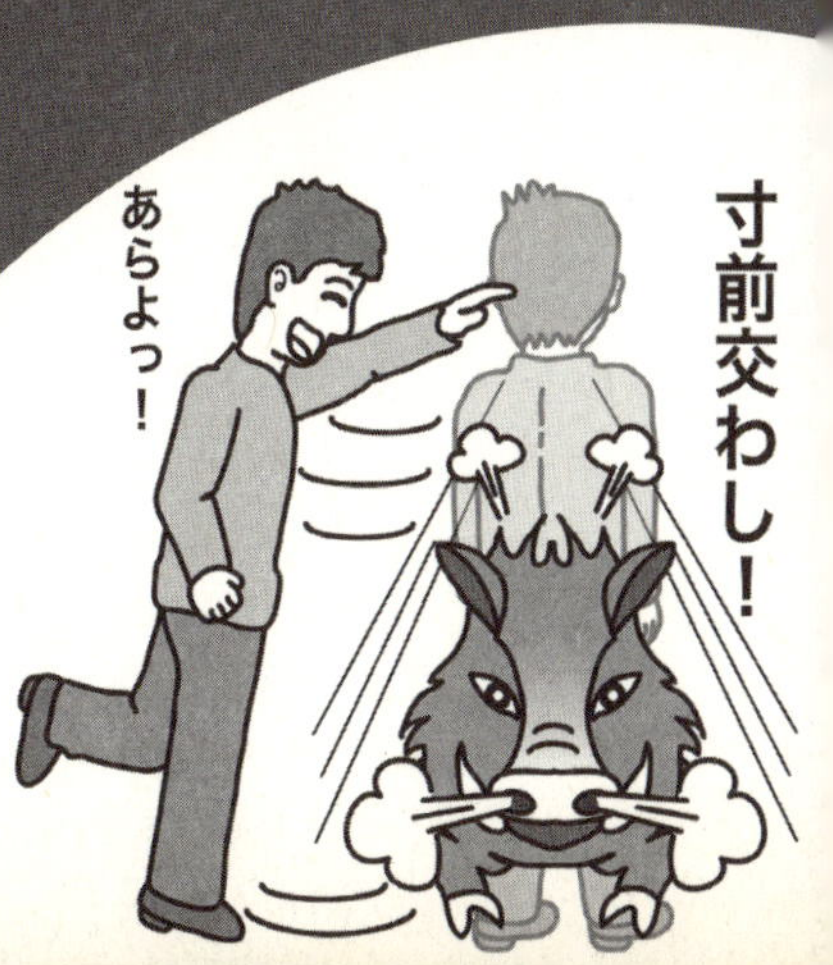

窓のないトイレに閉じ込められたら

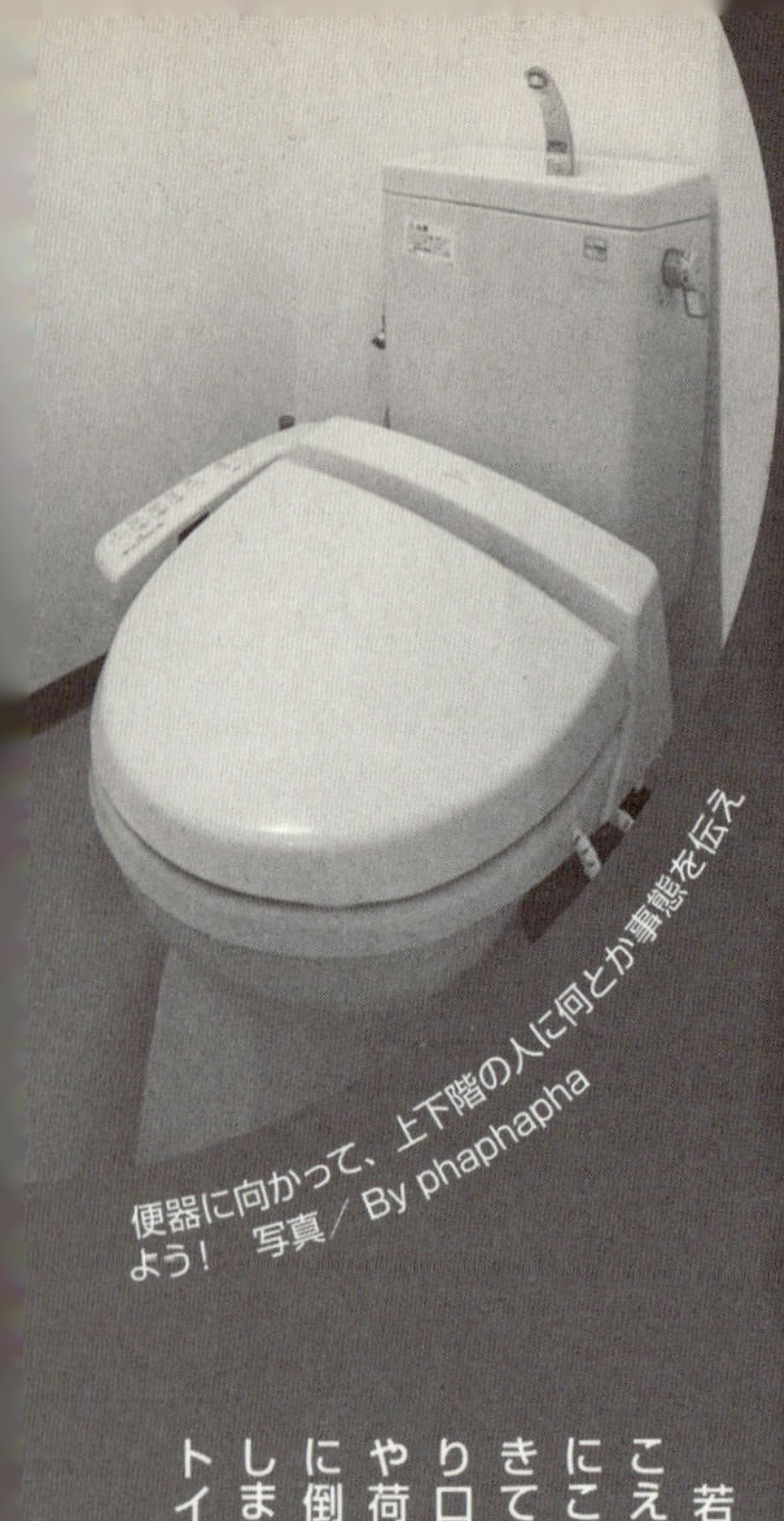

便器に向かって、上下階の人に何とか事態を伝えよう！　写真／By phaphapha

若干、まぬけにも聞こえる事態だが、実際にこのような事故が起きている。トイレの入り口付近に置いた家具や荷物が何らかの拍子に倒れ、ドアを塞いでしまうようなケースだ。トイレは基本的に建物の隅に造られるので、閉じ込められると気付かれにくく想像以上に厄介な事態となる。マンションなどの集合住宅となると小窓すらないことも多く、さらに事態は深刻だ。おひとり様は気をつけたい！

LEVEL 3

サバイバル術

便器に向かって叫べば声が届くかも

音がよく通る集合住宅なら効果的！

窓がない場合でも、換気口越しに声が届くこともある。また、便器の中に向かって声を出すのも手。配管によって声が反響し、意外な場所までその声が届くことがあるのだ。

とくに、集合住宅の場合は効果的。上下の階からトイレの水を流す音が聞こえるようなら、かなり望みがある。部屋の番号と、トイレに閉じ込められている旨を便器に向かって大声で叫び、助けを待つべし。

また、トイレには水があるのが救いになる。長期戦になった場合は、脱水症状を防ぐためトイレの水を迷わず飲もう。もし温水が出る設備がトイレ内にあれば、それで足を温め体力の消耗をできるだけ防ぎたい。

トイレの水を飲んで脱水症状を防ぎ、長期戦に耐えよう。写真／By stuartpilbrow

緊急事態発生!!

「離岸流」で沖に流されたら

海辺の人間なら誰でも知っている離岸流の知識。
写真／By infomatique

海岸に向かって強風が吹くと、海水は波となって海岸へ打ち寄せられる。それが沖に戻ろうとする際に生じるのが「離岸流」である。

離岸流の規模は海岸の構造により異なるが、時には沖へ向かって数百メートルにおよぶとされ、その速さは水泳男子100メートル自由形の世界記録と同等になるとも。ひとたび離岸流に飲まれたら最後、正攻法で岸に戻ろうとすれば確実に命を落とすことになるのだ。

サバイバル術

岸と平行に泳げ

「急がば回れ」を地で行くのだ！

早い流れが長距離にわたる離岸流だが、決して慌てる必要はない。実は、離岸流の横幅は10メートルからせいぜい30メートル程度。したがって、岸に向かうのではなく海岸線に平行して泳げば、いずれ離岸流から抜け出すことができるのだ。

離岸流から抜ければ、もう助かったも同然。離岸流のゾーンから離れたとたん、逆に岸に向かう流れに入ることが多い。流れが弱いエリアに入ったことが確認できたら、落ち着いて岸へ向かえばいい。

泳ぎが得意でない場合も、まずは離岸流を抜けることが先決。離岸流から抜け出たら、その後は救助を待てばいい。海水の浮力が働くので、体に無駄な力を入れないよう心掛けさえすれば、ずっと浮くことができる。

緊急事態発生!!

広場で激しい雷が鳴り始めたら

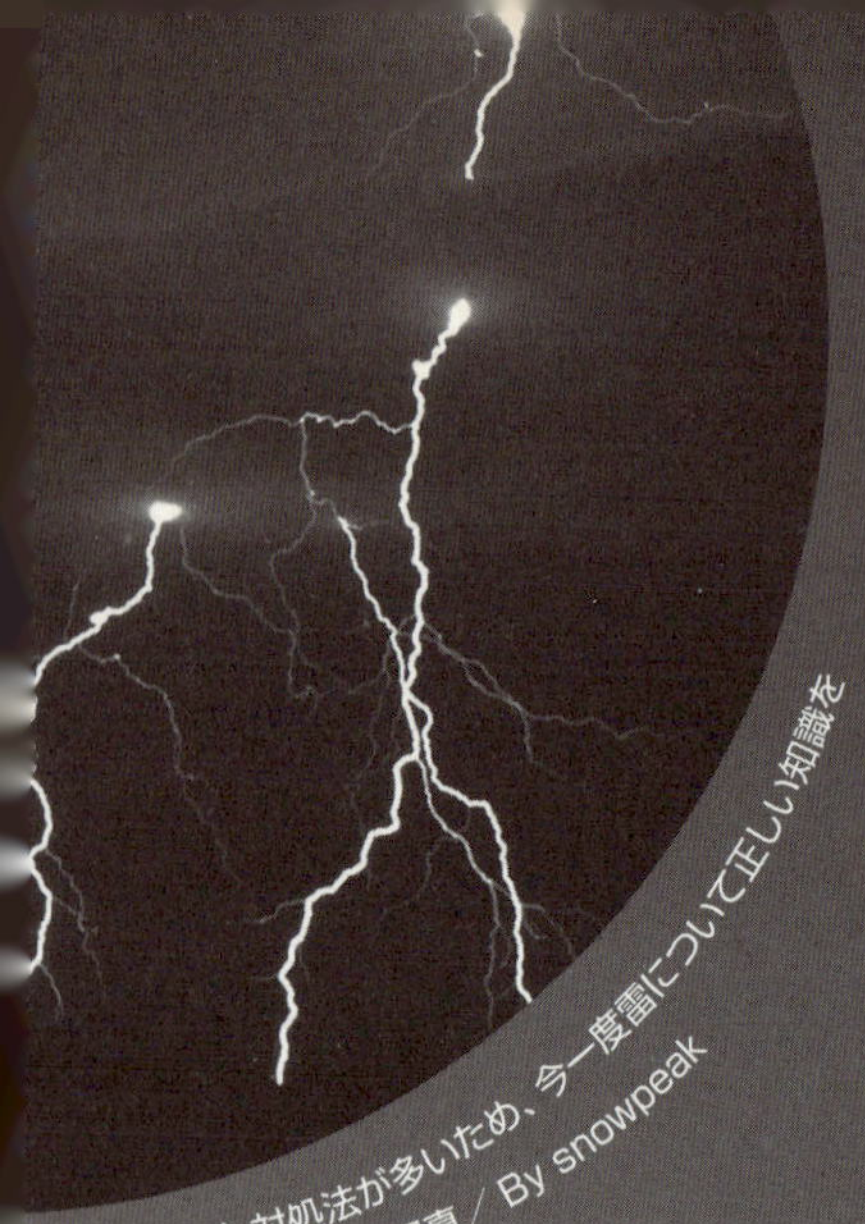

誤った対処法が多いため、今一度雷について正しい知識を身につけたい。写真／By snowpeak

雷の接近は、実は人間の五感だけでは察知しにくい。だが、積乱雲を見つけたり激しい雨が降ったりしてから避難しても完全な逃げ遅れである。

もちろん、雷に打たれないようにする対策は必要だが、同時に最悪のケースでも助かるための行動を取ること。人体に雷が落ちた場合、ほぼ100%の確率で死亡すると考える人も多いが、実際は人体への電流の流れ方によって死亡率は異なるのだ。

サバイバル術

伏せずにしゃがめ！足の間隔は狭く!!

逃げ場がないときは低い姿勢になるべし

落雷のターゲットにならないための対策は、次の通り。小枝や葉を含め、樹木のそばに近付かないこと。最悪でも4メートル以上は離れるべし。また、傘は絶対にささない。その他、長い物体は素材にかかわらず体から遠い地面に寝かせておこう。

近くに安全な場所がない場合は、伏せるのではなく両足の間隔を狭くしてしゃがみ、できるだけ低い姿勢を取る。この際、足が広がっていると落雷時に地面を流れる電流が体に伝わりやすくなってしまうので要注意。

また、雷の音でショック死することもあるので、とくに心臓が弱い人は耳を塞ぐこと。

数人で雷に遭遇した場合は、互いに5メートル以上の距離を取るように。たとえ誰かに落ちても、自分は助かる可能性が高い。

緊急事態発生!!

登山中、頭痛や吐き気がしたら

ベテランでも起こり得る高山病。初心者があなどると取り返しのつかない事態に。写真／By Faisal.Saeed

標高1800メートルほどの高い山に登ると、空気中の酸素量が少なくなり、倦怠感や虚脱感、食欲不振、吐き気、頭痛、めまい、睡眠障害などのさまざまな症状が生じる。これを総称して「高山病」と言う。

これは、正確には病気ではなく「高度障害」なので、薬等による事前予防も困難。徐々に体を慣らすということも難しく、山にかかわる人々にとって極めて厄介な問題のひとつだ。

サバイバル術

「高度順応」で症状を緩和せよ

気分が悪くなったらその場に止まれ！

少しでも高山病の症状が出た場合は、まずはそれ以上登ることをストップ！　しばらくの間、その高度で過ごして体を慣れさせよう。これを、「高度順応させる」と言う。

しかし、それでも症状に改善が見られなければ、高度を下げて行く必要がある。高山病の症状として判断力が低下することもあるので、下山の際には十分な注意を払うこと。一般的な対策としては、「水分を十分に補給する」、「深呼吸を頻繁にする」、「糖分を摂取する」、「保温して体力回復に努める」、「喫煙を控える」といったものが挙げられる。それらを実践しても症状が改善されない場合は、一刻も早く医療機関の診察を受ける必要があるので、ただちに登山を中止すべし！

登山前には必ず入念な情報収集が必要だ。写真／By stevehicks

緊急事態発生!!

血が噴き出て止まらなくなったら

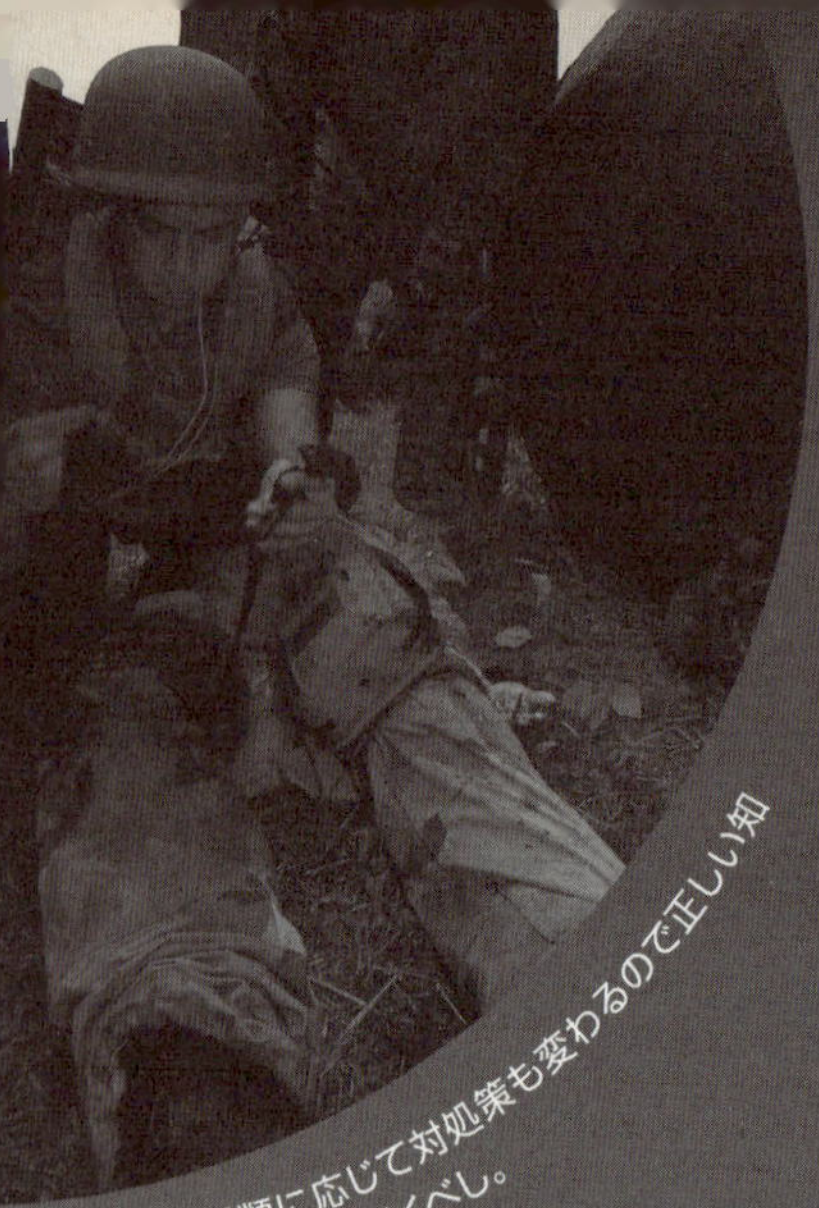

傷の種類に応じて対処策も変わるので正しい知識を身につけておくべし。

傷などから多量の出血が起こると、重要な臓器に酸素を運ぶことができなくなる。

一度に人体の3分の1の血液を失うとショック状態に陥り、半分を失うと心肺停止して死に至るという。仮に総失血量が致命的とはならなくとも、ある程度失血した状態で時間が経過すると、のちに重い障害を生んでしまうことも……。大出血を起こしたら、一刻も早く止血処置をとらないといけない！

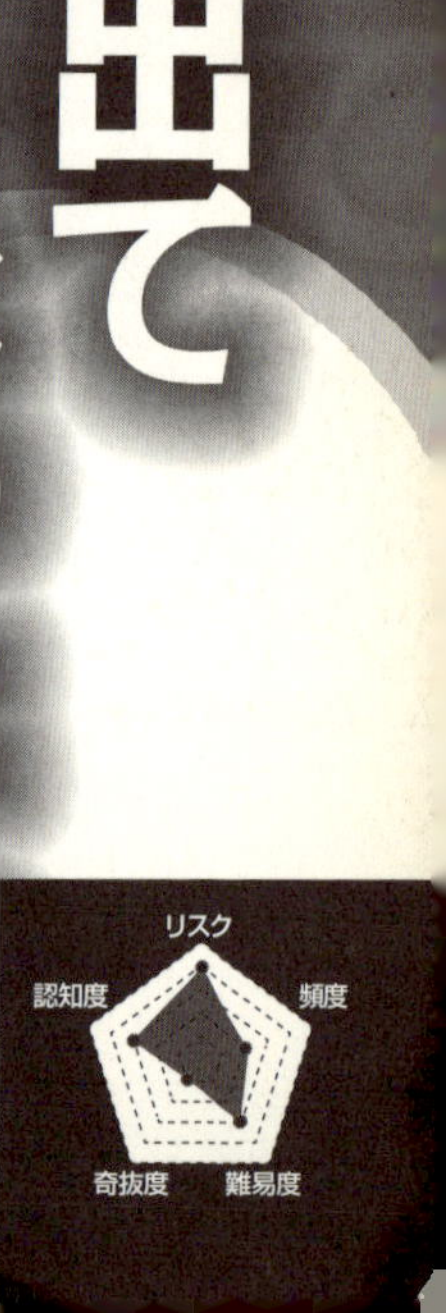

サバイバル術

包帯と棒を使ってグルグル回転！

傷口を心臓より高い位置でキープ

まず救急車を呼ぶことを前提にして、救急車到着までの時間に止血処置を施す。

もっとも危険なのが、心拍に合わせて傷口から血が噴き出すような動脈出血だ。この場合は、まず傷口に清潔な布をあて、20分ほど直接圧迫する。それでも出血が続く場合は、傷口よりも心臓に近い動脈を探し、指で骨に向かって強く押す「指圧止血法」を行う。

だが、どうしても血が止まらない場合は、「止血帯法」を。患部を包帯で強くまき、傷よりも心臓に近い部分で結ぶ。その結び目に棒などを差し込み、血が止まるまでグルグル回転させ締め上げていくのだ。

組織の壊死を避けるため、棒をときどき緩めながら救急車を待とう。

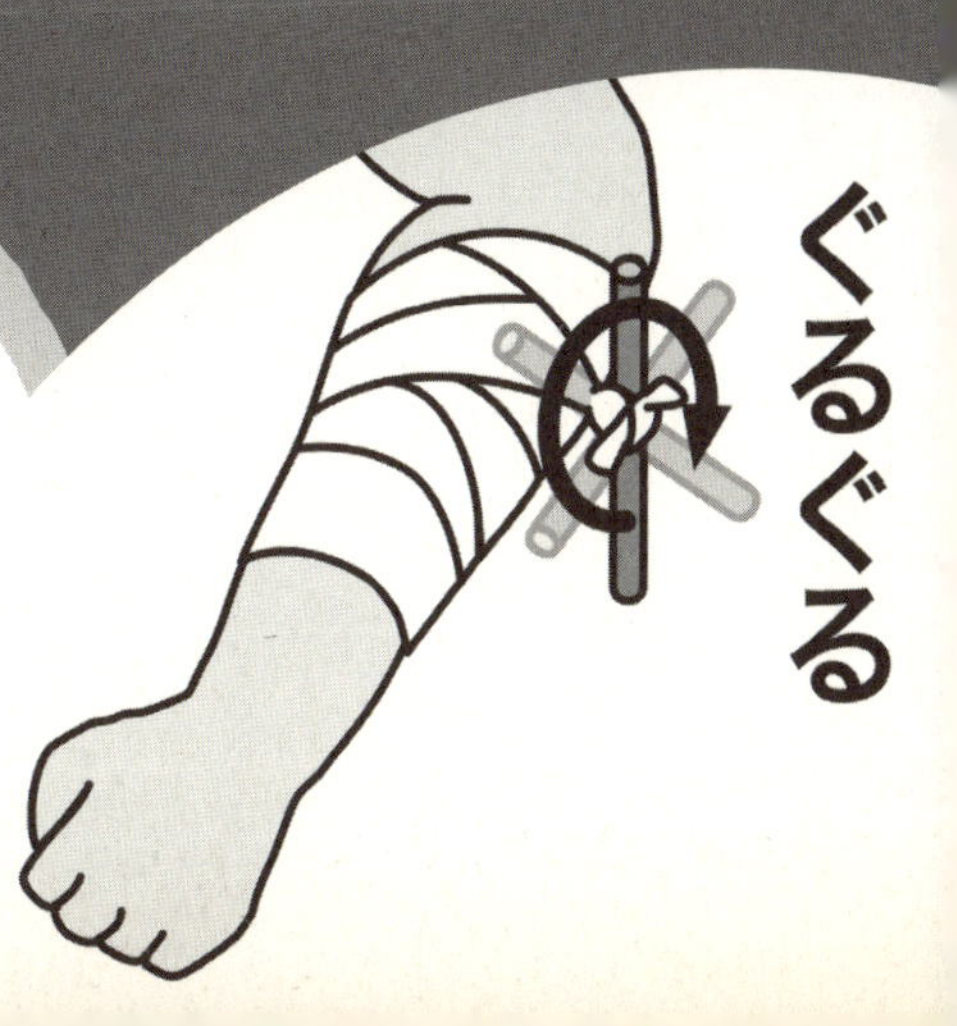

ガソリンスタンドには、人命救助の資格を持った従業員がいる場合も。

緊急事態発生!!

屋外で大地震に襲われたら

屋外で大きな地震に遭遇した場合の対処法は、なかなか難しいものがある。建物の中に飛び込むことなどもってのほかと思われがちだが、近代的なビルであればその中の方が安全だったりする。また、地上よりも地下街にいる方が安全だったり、街中では一見、極めて危険そうに見える場所がもっとも安全だったりする。地震大国に住む以上、これらについての正しい知識は絶対に必須だ。

サバイバル術

ガソリンスタンドへ避難するのがベスト

お馴染みのココを見逃すな！

地震災害などの際、街中でもっとも安全な場所――それは意外や意外、ガソリンスタンドである。石油に引火して大爆発などという惨事を想像しがちだが、だからこそ消防法や建築基準法による厳しい強度基準をクリアした頑丈な建造物なのだ。

地下のガソリンタンクも、地表面に炎が広がった場合を想定して分厚いコンクリートで覆われており、周囲には高い耐火性のある壁の設置が義務付けられている。実際に、阪神淡路大震災や新潟中越地震でもガソリンスタンドの火災事故は一件も発生していない。また、ガソリンスタンドには、消火器具や重機が必ず備わっており、緊急時にはとても頼りになる場所なのだ。

危険物を取り扱うからこそ、頑丈で安全な造りになっている。

緊急事態発生!!

エレベーターの中で地震が起きたら

どうしても不安な人は階段を利用するべき?

エレベーターの中で大地震に遭遇するほど不安なことはない。エレベーターが止まってしまった場合、外の状況もわからず狭い密室に閉じ込められることになる。

最近では、緊急地震速報をエレベーター制御に活用する方法なども開発されているが、完全普及には至っていない。近代的な建物や施設などのエレベーターなら心配ないが、多くの場合は、ただただ救助を待つハメに……。

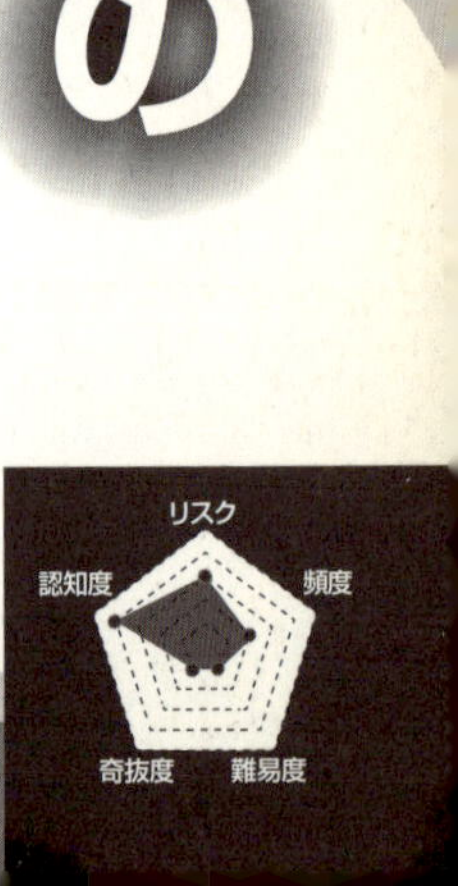

サバイバル術

すべての階のボタンを押せ

安全対策の整っていない旧式の場合は……

最近のエレベーターは、地震時管制装置が作動して地震発生と同時に自動的に近い階に停止する仕組みになっているが、そうでない旧式のものも多く存在する。その場合、エレベーターの中で地震の揺れを感じたら、すぐさますべての階のボタンを押すこと。もちろん最初に停止した階で降りるのだが、火災の有無などを確認するなど慌てずに行動することが大切。しかし、運悪くエレベーターに閉じ込められた場合は、非常ボタンや緊急用インターホンなどで係員への連絡を試みよう。災害時、エレベーターはまず最初に調査、救助対象となる。音を出す手段を探しつつ、落ちついて待つのがいいだろう。

閉じ込められたら、体力を温存しつつ壁をたたくなど助けを呼ぼう。

混雑極る通勤ラッシュ時は、とくに注意が必要だ。

電車のドアに手が挟まったら

通常、足や腕などが電車のドアに挟まった場合、1センチ以上であれば電車が感知し、発車のための回路が機能しない仕組みになっている。だが、仮に手荷物のみがドアの中に入り体は外に締め出されたりすると、回路は動いてしまう。このとき、手荷物の紐が手から解けなくなると、引きずられて大惨事となる。それを知ってか知らずか、手荷物を故意に投げ入れ、電車に乗ろうとする人もいるが……。

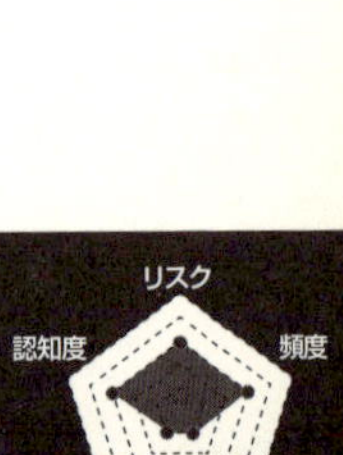

LEVEL 3

サバイバル術

恥も外聞も捨てて大声でわめき散らせ！

飛び込み乗車・無理やり乗車は事故の元！

とにかく大声で叫んで車掌に知らせるべし。

加速がついた電車は急ブレーキで制止するのにかなりの時間と距離を要するので、この対処は一刻を争う。満員のホームでも、恥を捨てて大声でわめき散らさないとヤバい。

また、1センチ以内でも「本来センサーが感知するはずだが、たまたま作動しなかった」という事例も。発車前の安全確認は車掌の仕事だが、ラッシュ時は列車全体の状況を確認するのが困難なうえ、キリがないので非情にドアを閉め、発車の合図を出してしまうケースが多い。乗りたいがために、故意に挟まってくる人が後を絶たないのも事故の要因のひとつだ。

ドアを開けるため、電車内に手荷物を投げ入れるような身勝手な行動はNGだ。

樹海の中で道に迷ったら

樹海の奥深くに迷い込んだらサバイバル術だけが頼り。

樹海と言えば、自殺の名所「青木ケ原樹海」を指すのが一般的だが、ここで迷うには故意にそうするしかない。だったらサバイバルも何もないのだが、もしうっかり迷ったとしてどう対処すればいいか?

地図上で見ると、せいぜい10キロ四方。歩いて脱出できそうだが、実は自殺志願者も入って行けないほど奥地は険しいという。遺体捜索の捜査員ですら、紐を頼りに入って行くほどの環境なのである。

サバイバル術

樹木の状況から方角を読み取りまっすぐに歩け

夜間は避け、明るくなってから動き出すこと

大切なのは方角を確認すること、そしてまっすぐ進むことだ。方角を確認するためには樹木の状況が参考になる。年輪の幅が広い方が南、枝ぶりの多い方が南、木や石にコケが付着している方が北……という具合だ。これによってある程度方角の目星をつけ、目的の方向へ向かってまっすぐ歩くことを心掛ける。

ただし、穴が開いていたり足場が岩だったりすることも多く、直進し続けることは困難。木の枝や目立つ石などを使い、進みながら軌跡を残すようにして絶えず確認する必要がある。夜間は1時間にせいぜい数百メートル進むのがやっと。リスクをおかして進むよりは、明るくなるのを待ったほうが賢い。

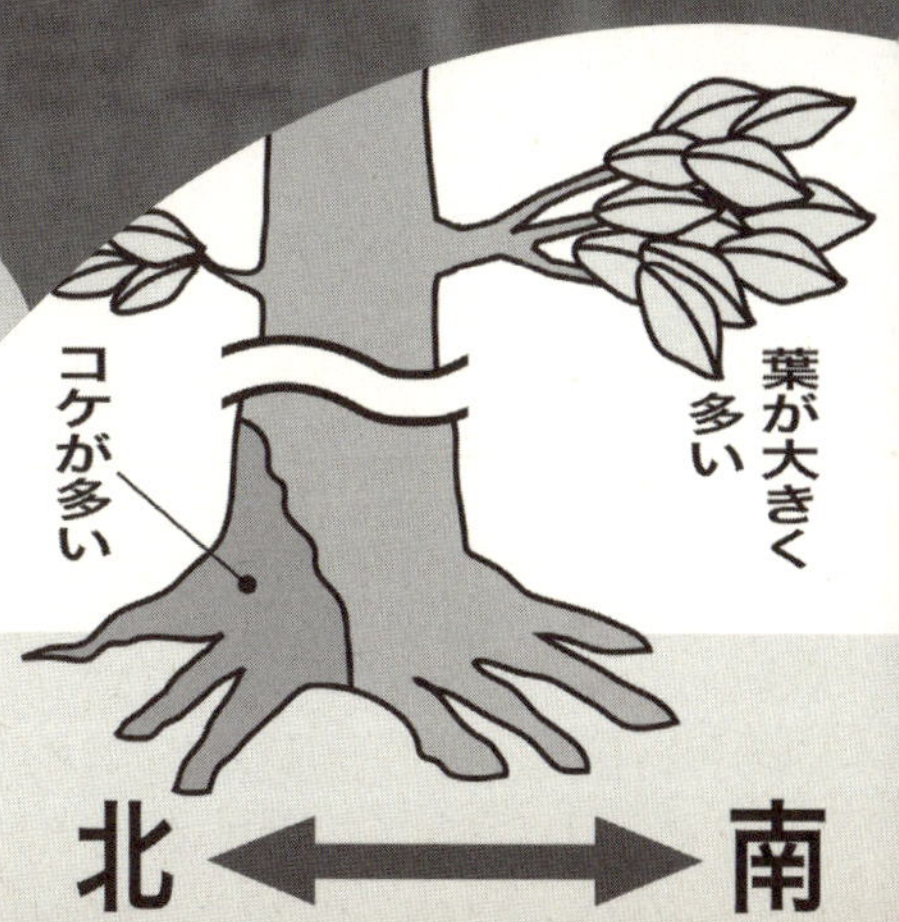

緊急事態発生!!

急性アルコール中毒になったら

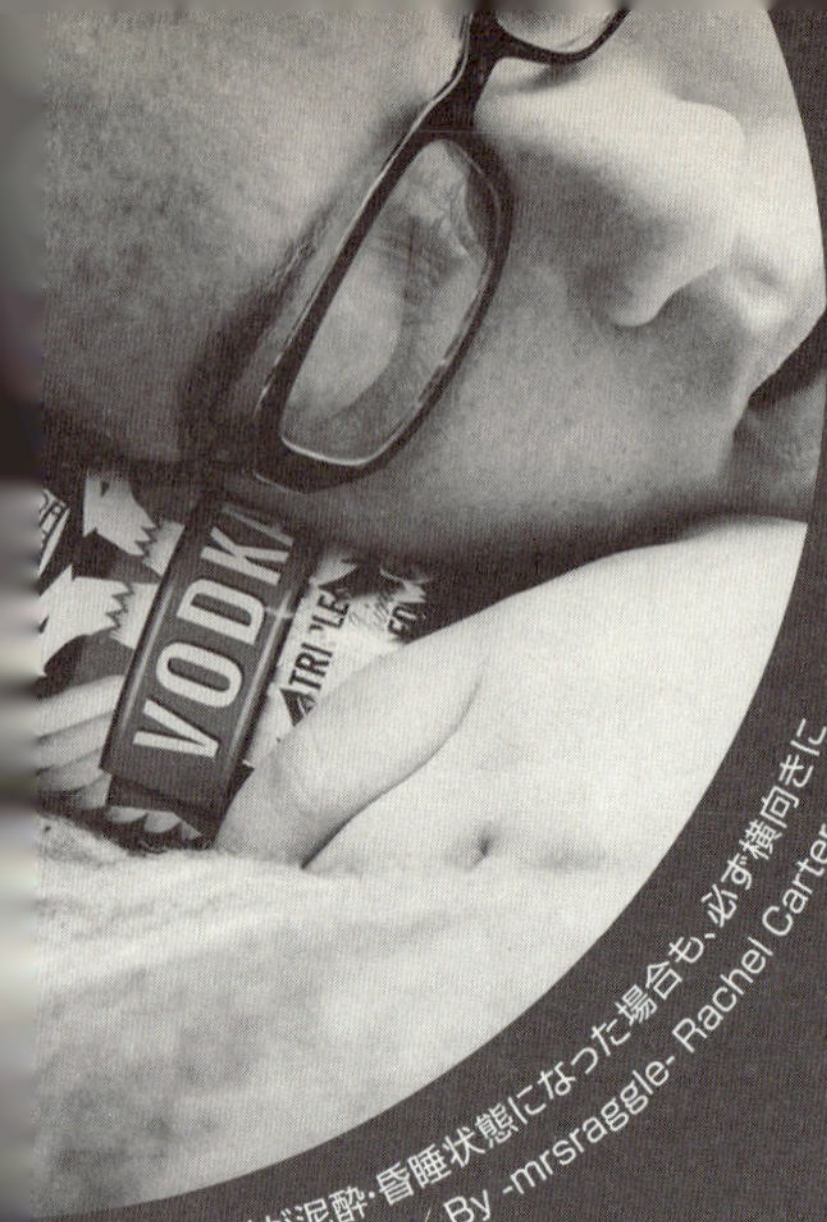

同席者が泥酔・昏睡状態になった場合も、必ず横向きに寝かせよう。写真／By -mrsraggle- Rachel Carter

酔いは、爽快期→ほろ酔い期→酩酊初期→酩酊期→泥酔期→昏睡期という順に進んでいくとされる。

ところが、一気飲みなどをすると、瞬時に昏睡期へと進む。これは大量のアルコールを肝臓で処理し切れず、血中のアルコール濃度が高まるためだ。これにより脳の呼吸機能が麻痺し、場合によっては呼吸停止や心停止により死に至るケースも。これが、急性アルコール中毒である。

サバイバル術

横向きに寝転べ

嘔吐物がのどに詰まれば窒息死の危険も

自分で強い酔いを感じ始めたら、とにかく水をたくさん飲んで、血液中のアルコール濃度を薄めることが必要。スポーツドリンクは電解質を含んでいるので逆効果だ。水分補給をしても症状が改善しないなら、救急車を呼ぶか、人に付き添ってもらい病院に行こう。

救急車を待ったり車で移動したりする際、注意すべきは寝転び方だ。酔いが回っているため、体を支え切れず横になるはず。そのとき、予測される危険は嘔吐物がのどに詰まること。嘔吐物で器官がふさがれ、窒息死してしまうおそれがある。

そのため、寝転ぶ際は、仰向けになるのではなく必ず横向きになり、気道を確保する必要がある。横向きで寝転んだ状態で、水分補給しながら助けを待つべし。

酒を飲みつけていない人は酔いの程度がわからず、急性アルコール中毒になりやすい。

山中で迷子になったら

「必ずしも前方に登山道があるわけではない」ことを肝に命じよう。

登山道から外れることは自殺行為だ。だが、登山道と獣道が交わったり、登山道が消えかかったりして迷うこともある。また、登山ルートが沢やガレ場にぶつかったときは要注意。ルートが少しずれて設定されている可能性がある。

山中で迷ったとき、安易に山を下るのは絶対に避けるべき。登山道や登山口が見つからず彷徨したあげく、体力が尽きて動けなくなるだけだ。

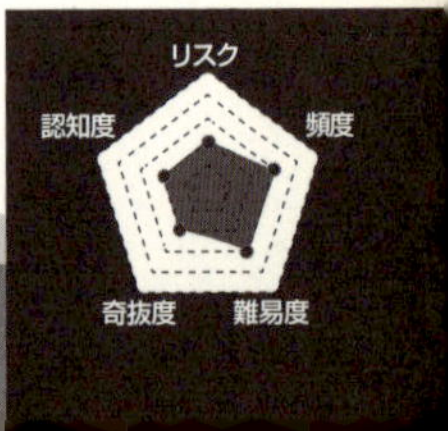

サバイバル術

迷うことなく頂上を目指せ

てっぺんなら360度視界が開ける

山中で登山道から外れてしまったら、迷うことなく山の頂上を目指すべし。というのも、山はすべての方角から登ることができるが、頂上に通じている登山道は1本しかない。そのため、頂上に向かって登る最中に、登山道を発見できる場合が多いのだ。もし、登山道を発見できなかったとしても、頂上にたどり着けば、360度の視界が確保でき、町のある方角を視認することができる。くわえて、捜索隊が出ていた場合も、遭難者を確認しやすい。

ちなみに、「迷った」と確認した時点で、その場所を起点として100メートル周囲を探索し、登山道を探す方法もある。だが、これは登山に慣れた人が行う方法。登山初心者は山頂を目指すのがベストの対処法だ。

緊急事態発生!!

殺人事件を目撃しても

殺人現場を目撃したら、なるべく早い段階で警察に連絡すること。写真／By Teeejayy

殺人事件の現場には、誰もが遭遇する可能性がある。容疑者が殺人を行っている最中を目撃し、すぐに110番できれば問題ない。あとは、警察が容疑者を追い詰めてくれる。危険なのは殺人が行われた後の現場で、容疑者の姿が見えなかった場合。すでに遠くに去っていたなら身に危険はおよばない。

　だが、容疑者がまだ近くに潜んでおり、目撃者の顔を見ていたとしたら……。

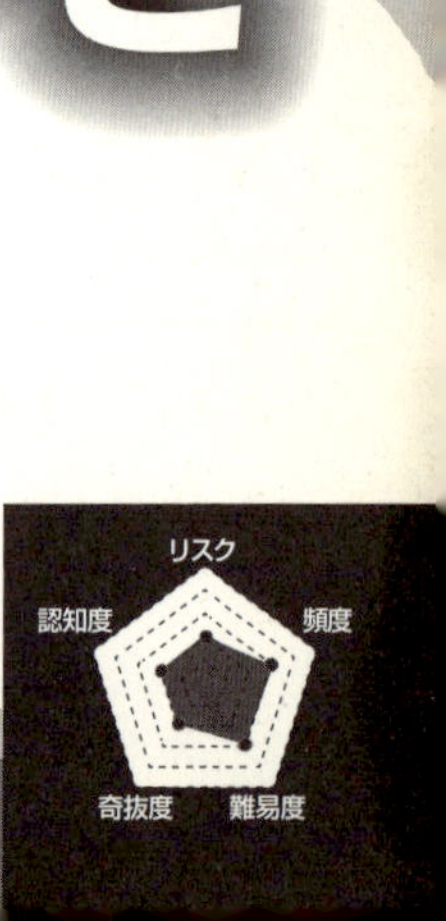

LEVEL 3

サバイバル術

むやみに言いふらすな。

犯人はあなたの近くにいるかもしれない!!

話す前に警察に連絡すべし！

容疑者がまだ特定されていない状況ならば、「殺しの現場を見た」などとむやみに言いふらさないこと。もしかすると、容疑者は身近な人かもしれない。そうなると口封じのために、目撃者が次のターゲットにされる可能性もあるだろう。

また家に警察官を名乗る男が訪れた場合も要注意。「不審者を見かけませんでしたか」などと事件について尋ねられても、決して目撃情報を話さないこと。容疑者が警察官に変装している可能性もある。実際、そういう例も過去に記録されている。「容疑者を見た」などと話そうものなら、ここぞとばかりに殺されるだろう。

最良の手段は、目撃段階で警察に通報するか、自身で警察署に出向いて証言することだ。

警察への届けが遅いと、逆に「なぜ時間がかかったのか」と容疑者隠避を疑われることも……。写真／by SunnyGZ

緊急事態発生!!

プラットフォームから転落したら

避難した後、すぐさま次の列車が来ることもあるので駅員の指示を待つべし。

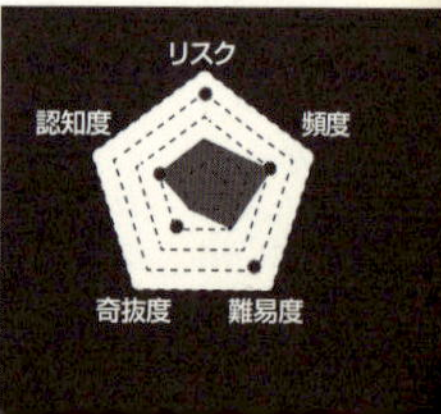

線路への転落は、鉄道を利用する人であれば誰にでも起こり得る事故だ。プラットホームから見ればそれほどでもないが、実際は結構な高さがあり、すぐによじ登るのは困難だ。そうなると、落ちた線路上で対処するわけだが、一歩間違えば入線する電車にひかれ、木っ端微塵……という悲惨な死を遂げることに。落ちた線路の状況を瞬時に把握し、的確な対処をしなければならない。

サバイバル術

線路脇の空間に転がれ

鉄道利用者なら頭に叩き込んでおくべし

列車が到達するまでに多少余裕があれば、誰かに非常ボタンを押すよう頼む。転落事故を目撃してとっさに非常ボタンを押せる人はなかなかいないので、自分から頼むべし。

間に合わない場合は、自力で避難しなければいけない。多くの場合、プラットホームの下か線路の向こう側に人が1人入れるだけのスペースがあるので、移動して伏せればいい。その際、立ち上がって避難するよりも、転落した態勢のまま転がるようにして逃げた方が早い。通過列車の場合は非常に強い風圧になるので、体が引き剥がされないようしっかりへばりつく。鉄道利用者は毎日この危険にさらされているわけだから、サバイバル術をあらかじめイメージしておくべし。

不発弾を発見したら

危険が身近に潜んでいることを十分認識し、怪しい物体には慎重になること。写真／by The U.S. Army

「不発弾の事故など遠い異国の話」と思っている人も多いが、実は想像よりはるかに身近な話題だったりする。日本国内でも、かつて大規模な空襲を受けた大都市をはじめ、海や山などでいくつもの不発弾が発見されているのだ。工事中に不発弾が発見され、交通規制になったというニュースも聞く。

不発となった原因にもよるが、むやみに触ったり動かしたりすると爆発して大惨事になる場合も……。

サバイバル術

触るな! 動かすな!!

日本国内でも危険は潜んでいる

不発弾を発見したら、絶対に触ったり動かしたりしてはならない。爆発能力を持つとは限らないが、うっかり刺激を与えると爆発するおそれも。実際、海外ではこのような事故が頻繁に起きている。自分はもちろん、他人も近付けないよう配慮しつつ、すみやかに警察に連絡して、専門家に委ねるのが鉄則だ。

とはいえ、戦争についての知識が希薄な現代の若者が、不発弾を見てそれと認識できるかどうかは怪しいところ。まず、このような危険がまだ日本国内にあることを認識し、不審なものを見つけたらとりあえず通報するという姿勢が大切と言えるだろう。ちなみに、不発弾を無断で動かすのは危険であることはもちろん、法律上でも禁止されている。

不発弾は、硫黄島や沖縄、東京など日本各地で発見されている。写真／硫黄島（出典:国土交通省）

脱臼したら「はめ治せ」……はウソ

脱臼の処置として、まず「入れ治す」という方法を挙げる人が多いが、これは間違い。そもそも、外れかけた状態の「亜脱臼」ならともかく、完全に外れる脱臼では、激痛でそのような処置はまず無理だ。仮に自分で入れ治すことができても、それで「治った」という判断をしてはいけない。一番怖いのは、筋肉、靭帯、関節包といった周辺組織の損傷である。元に戻ろうとする筋肉の働きも加わり、はめ治そうとすれば思いの他簡単にいくこともあるが、その際に周辺組織を傷つける危険性が高い。まずは冷やして固定し、医師の診察を受けるのが最善。

　ただし、近くに医療機関がない場合、応急処置として自分で入れておくのはアリ。

正解は「冷やして固定しろ」

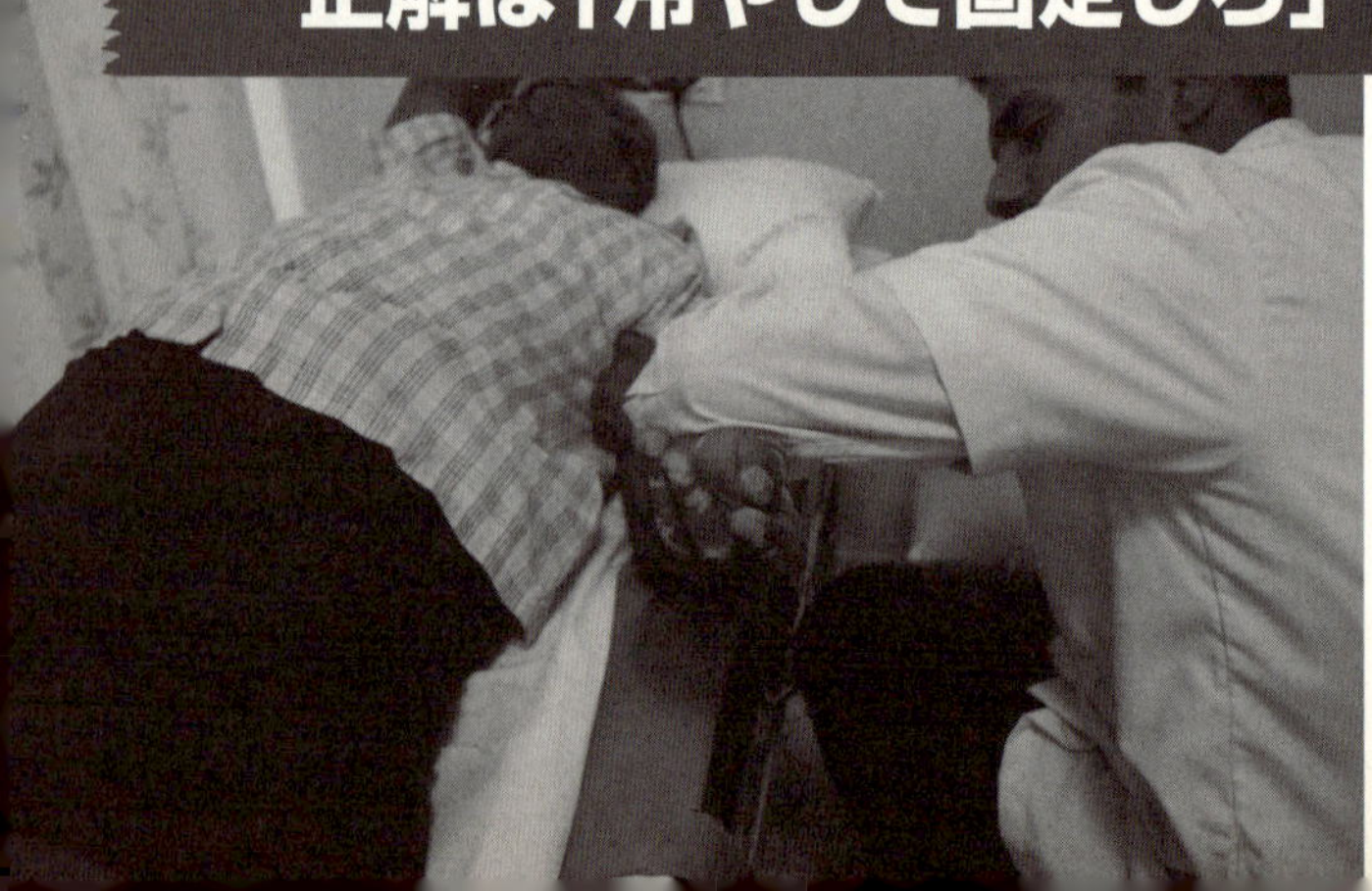

素人の「脱臼はめ直し」はレントゲンに映らない周辺組織損傷を引き起こす可能性大！ 写真／By mynameisharsha

LEVEL 4

死はすぐ目の前!
それでも生き抜く必死の事態

100メートル以上の落下では絶対に助からないが、数メートルならば助かる可能性大。写真／By BONGURI

緊急事態発生!!

マンションの3階から落ちたら

落下による死亡事故は、自殺のケースも多いが、不注意で足を踏み外してしまったという場合もある。

事故でいちばん多いのが、数メートルほどの高さからの落下だ。マンションの3階ほどの高さがそれにあたる。それ以上の高さだと、事故はあまり発生しない。恐怖感が先行して用心深く行動するからだ。だが、数メートルほどの高さでは、油断が生じてしまう。

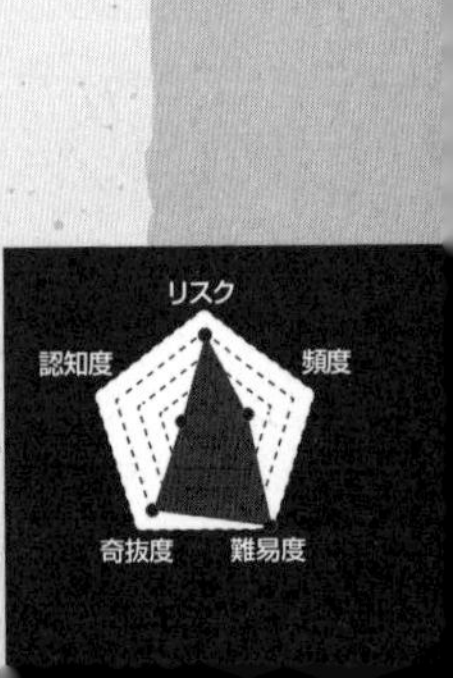

足を少しだけ「く」の字に曲げろ

スポーツ選手を見習って踏ん張れ！

バルコニーに出たとき、誤って足を踏み外したら、足からの着地態勢を取ること。この際、重要なのが全身の筋肉の状態だ。ガチガチだと骨折や内臓に衝撃を与える可能性大。だからといって、完全脱力だと全身を強く地面に打ち付けてしまう。

肝心なのは、適度な緊張状態を保つことである。これができたら、次は足を少しだけ「く」の字形に曲げ、もっとも全身に力が入りやすい姿勢を取ろう。

イメージとしては、体操選手の鉄棒演技での着地姿勢。あるいは、重量挙げの選手が完全にバーベルを上げきる直前の姿勢である。

この状態で、着地の瞬間にグッと踏ん張りを利かせる。すると、落下の際の衝撃を大幅に和らげることができるのだ。

神様！
どこもが地面に対して
垂直・水平ではない！

バルコニーから足を踏み外した際、とにかく頭からの落下だけは避けるべし。

マムシやハブ、ヤマカガシの毒は「出血毒」と呼ばれ、激しい痛みや腫れを起こす。写真／By Furryscaly

毒ヘビに噛まれたら

緊急事態発生!!

日本にはマムシやハブ、ヤマカガシなどがいる。熱帯地方に比べれば種類は少ないが、油断は禁物。ハイキングや山菜、キノコ採りで山中に踏み入ったときに噛まれたり、渓流釣りをしていて岩陰に手をかけた際、噛まれるケースも多い。

昔は「傷口に近い場所を縛って血液の流れを妨げ、傷口を刃物で切って毒を吸い出す」と教えていたが実はこれ、かなり危険な行為なのだ。

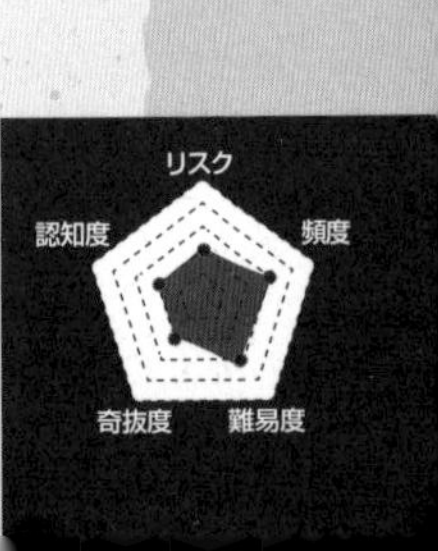

LEVEL 4

サバイバル術

添え木や新聞紙、雑誌で患部を固定しろ！

動き回ると全身に毒が行き渡る！

昔ながらの方法が危険な理由はふたつある。ひとつは、屋外で傷口を開くことによって生じる細菌感染の危険性。もうひとつは、血の流れを止めることによって生じる組織壊死の危険性だ。

毒ヘビに噛まれたらまず落ち着くこと。パニックに陥って下手に動き回ると循環が促され、毒が早いスピードで全身に行き渡ってしまう。

携帯電話で119番に連絡をしたら、噛まれた部位を包帯で巻き、添え木で固定する。新聞紙や雑誌で代用してもいい。このとき、噛まれた個所が腕ならば腕全体、足ならば脚全体を巻くようにする。

これで患部を動かさないように固定し、毒の回りを遅らせるのだ。この状態で、安静にして救急隊の到着を待つべし。

マムシは湿気の多い暖かい場所を好む習性があるという。写真／ By MiikaS

スキューバダイビングを楽しむときには、バディを組んで行動するべき。写真／By Ilse Reijs and Jan-Noud Hutten

緊急事態発生!!

ダイビング中エアーが切れたら

マリンスポーツとして愛好する人が多い、スキューバダイビング。しかし、特殊なスポーツだけに事故が起きれば致命的になりやすい。中でも頻発しやすいのが、エアー切れだ。タンクのメーターをきちんとチェックしておけば防ぐことができる事故だが、うっかりと残圧計を確認し忘れることも多い。もし潜水中に、酸素がなくなってしまったら、しかも、バディもいなかったら……。

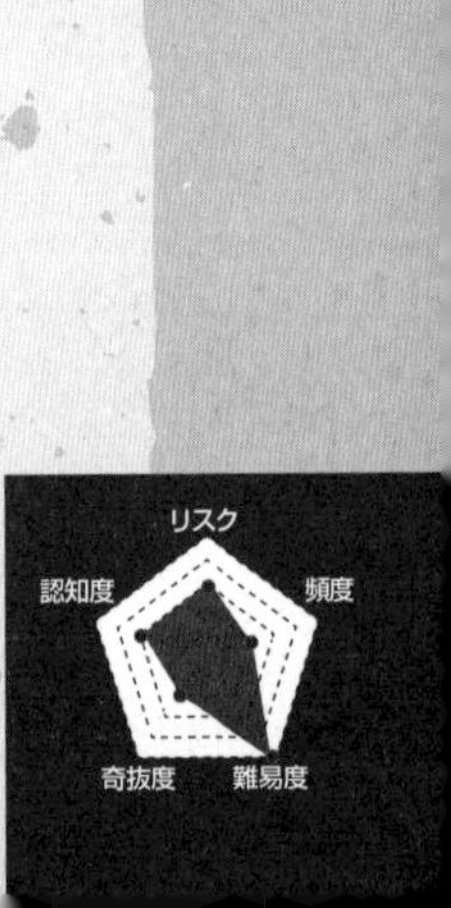

サバイバル術

「ウーッ」と唸りながら上昇しろ

息を吐く際のポイントは「ウーッ」

エアー切れが発覚したら、まずは事故発生を意味するサインを出してSOSを投げるべし。バディまたは同グループの人が気付けば、酸素をわけてもらうことができる。しかし、他の人にもエアーの余りがないときや、単独での潜水中は次のような手順で浮上するしかない。

まず潜水用のウエイトを外して、フィンに引っかからないように注意して捨てる。次いで水面を見上げて、障害物がないかどうかを確認して浮上を始めよう。

ここで注意すべきは、水圧減少による肺の過膨張障害の発生だ。これを防ぐためには、息を少しずつ吐きつつ浮上すること。感じとしては「ウーッ」と唸りながらとなろうか。肺の機能を正常に保たれるのである。

パニックに陥って、手足をむやみにばたつかせると肺に蓄えていた酸素を使い切ってしまう。写真／By bocagrandelasvegas

ヤクザに対しては、たとえ自身に非があっても弱みを見せないこと。写真／By MJTR (´･ω･) - MIKI Yoshihito

ヤクザの車とぶつかったら

緊急事態発生!!

自動車を運転する人ならば、誰にでも起こり得る車同士の衝突事故。ぶつけた車の持ち主が、話の通じる人間だったらまだいい。だが、いかにもその筋と思われる風貌の人間が車から出てきたら……。ここでビビってはいけない。相手は他人の弱みにつけこんで、物事を有利に進める交渉のプロ。脅し文句に泡食って「示談金」などと口走ったら、骨の髄までしゃぶられるぞ！

サバイバル術

交渉せずに警察を呼ぶべし

下手に謝罪すると面倒なことに

ヤクザが暴力や脅しを駆使するのは、法律的にも自分たちが優位にある場合。そのため車をぶつけた相手に対しては、最初から居丈高になるはず。こんなとき心得るべきは、たとえ自身の不注意であったとしても、決して謝罪しないこと。謝ると「自分から非を認めた」とされ、後で面倒くさいことになる。

罵詈雑言を浴びせてきても、毅然とした態度で「警察に行きましょう」と切り出すのがベスト。相手が「自分からぶつけて」などと攻めてきても乗ってはいけない。彼等は素人が対処できるような相手ではないのだ。ここは国家権力に間に入ってもらい、あとは保険屋さんに任せるしかない。税金を払ってるのだから、こんなときこそ警察を頼るべし。

相手がヤクザでなくても、必ず警察に間に入ってもらおう。写真／By FredoAlvarez

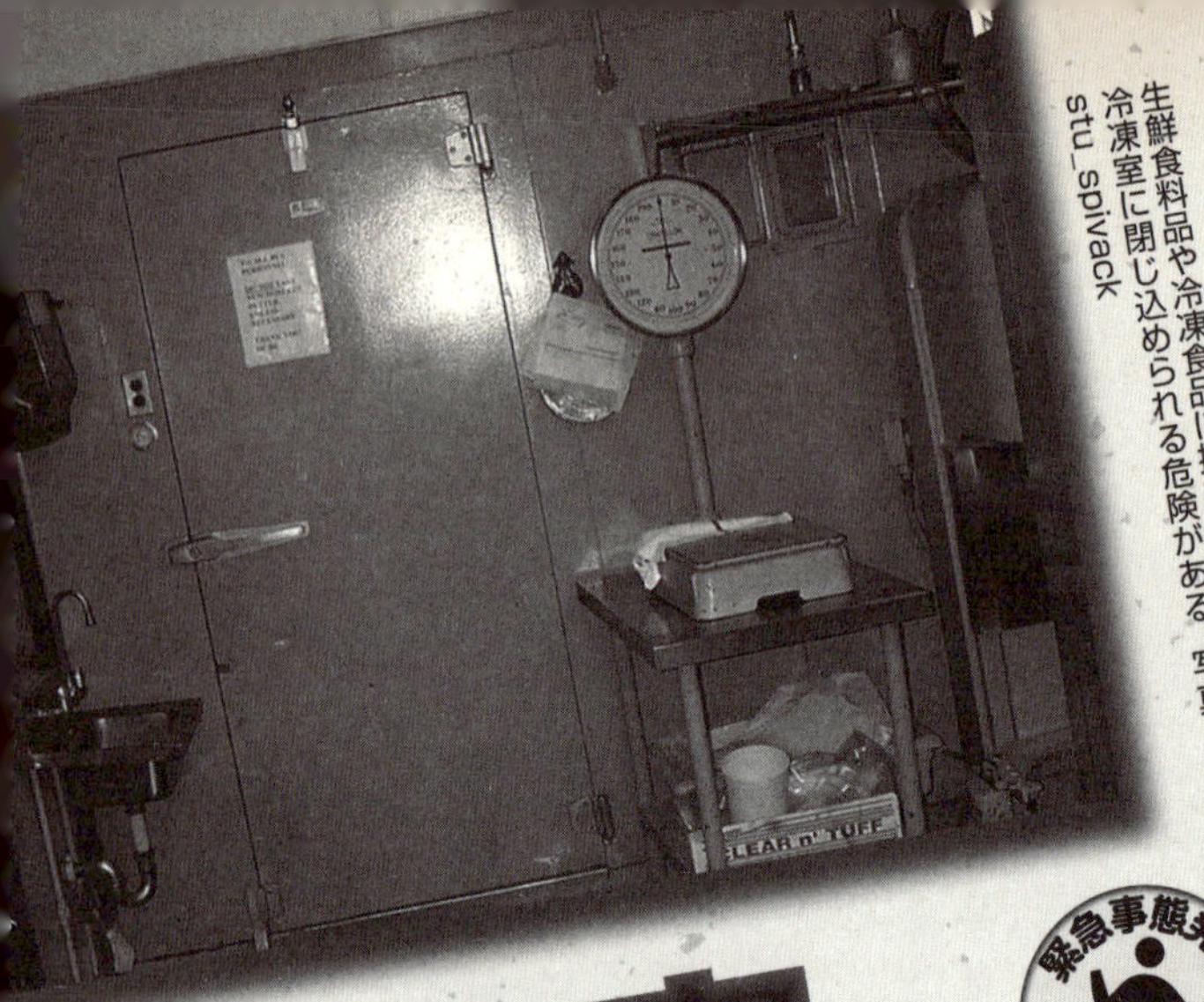

生鮮食料品や冷凍食品に携わる人ならば、誰でも冷凍室に閉じ込められる危険がある。写真／by stu_spivack

緊急事態発生!!

冷凍室に閉じ込められたら

冷凍食品や生鮮食料品を保管する冷凍室の扉には、中から開けられるよう非常用のノブがついている。また、事業所ごとに危険回避のマニュアルが作成されている場合もあるはずだ。しかし、何らかの手違いで扉が閉まり、これが機能しない場合も……。

冷凍室に閉じ込められた瞬間から、体温は急激に下がり始める。このまま放っておけば、自分の体まで凍ってしまう！

サバイバル術

痛みを感じる部分をひたすらこすれ

チクチクしたら凍傷発生のサイン!!

冷凍室に閉じ込められたと聞くと、たいていの人は凍死をイメージするだろう。しかし、それ以前に凍傷への対処が必要になる。

凍傷とは、急激な寒さによって皮膚とその下の組織が凍りついてしまうもの。手足、頬、耳、鼻などの部分に起こりやすい。もし、針でチクチクと刺されるような痛みを感じたら、凍傷にかかり始めたサイン。やがて、細胞自体が凍りつき、しまいには組織が壊死してしまう。

凍傷を防ぐには、ひたすら痛みを感じる部分をもんだり叩いたりして血行を促すことが重要だ。こうして動いていれば、意識も鮮明に保たれるので凍死対策にもなる。また、凍傷でできた水泡を破ると悪化してしまうのでNG。

人間の体は、耳や鼻、手足などからどんどん冷えていく。

万が一の事態に備え、反撃用に熊よけスプレーか鉈を携行しよう。写真／By Tambako the Jaguar

森で熊に出くわしたら

緊急事態発生!!

熊は最強の獣と言っても過言ではない。ツメによる攻撃を受ければ肉は切り裂かれ、牙は簡単に人間の骨を噛み砕く。また、鈍重そうな体型とは裏腹に、動きは実にスピーディ。猟銃を携えたハンターでさえ、熊を狩るときはチームを組む。

　基本的に熊は警戒心が強く、むやみに人間を攻撃したりしない。だが、5～7月の繁殖期は気が荒くなるため、襲ってくる場合もあるという。

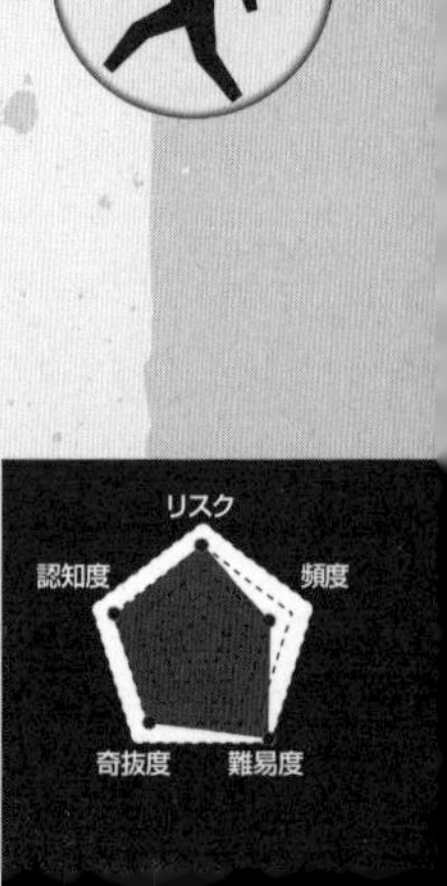

「熊に出くわしたら死んだフリ」は間違い

熊に遭遇した際の対策は、状況によって異なる。熊との距離が100メール以上ある場合は、静かに立ち去ろう。その際、決して走ってはいけない。熊が興奮して追いかけて来る可能性がある。また同じ距離から熊がこちらに気付き、近付いてくる場合は、穏かな声で話しかけてみよう。というのも、熊はこちらを人間と認識せずに接近している可能性がある。人間がいると気付いたら、多くの場合慌てて逃げていくという。

しかし、人間がいることを認識しながらも接近してくる場合は、もう強気に出るしかない。石の上などに立って自分を大きく見せ、大声で威嚇する。石を投げつけたり、大きな音を立てたりしてもいい。熊がひるむまで、全力を尽くすべし。

サバイバル術

穏やかな声で話しかけろ

日本に生息する熊はヒグマとツキノワグマ。前者は北海道、後者は本州・九州・四国に分布する。

ヒルは世界で約500種類、日本で60種ほど確認されている。写真／By freebird

吸血ヒルに噛まれたら

緊急事態発生!!

日本列島に生息するヒルは、おもに陸生と淡水性に分けられる。一般的に、陸生のヒルは「ヤマビル」と呼ばれ、淡水生のヒルは「チスイビル」と呼ばれる。

ヒルは血を吸うとき、麻酔効果のある物質を出す。そのため、喰いつかれても気付かないこと多い。腕や脚に妙な違和感を覚えてふと見ると、ヒルが何匹もぶらさがっていたというケースがほとんどだ。

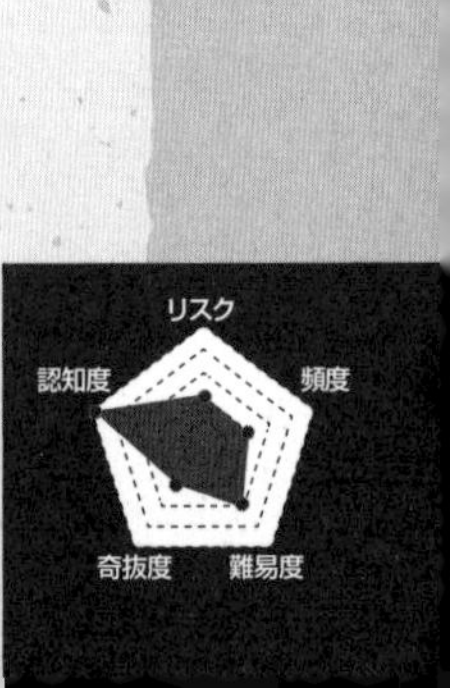

慌てずにライターを取り出せ！

体に喰いつくヒルを無理やり引き離すのは、なかなかの難作業だ。引っ張っても容易に離れないし、下手するとちぎれて頭部だけが残ることも。

そんなときは慌てず、ライターかタバコの火をヒルに押し付けてみよう。塩水や酢、アルコールを垂らしてもいい。違和感を覚えたヒルは噛むのを止めて、コロリと転げ落ちるに違いない。

もしも、「気持ち悪くても平気だ」というならば、ヒルが満腹になるのを待ち、転げ落ちるまで待つのもいいが……。

ヒルが離れたら傷口を丁寧に洗浄して、ガーゼやハンカチを当てて血を止めよう。ヒル自体に毒はないから、慌てる必要も、血液を吸い出す必要もない。最後に、念のため細菌などの感染防止に消毒もしておこう。

サバイバル術

火を押しつけろ

貝や魚の血を吸うヒルが多い。また、中にはミミズを捕食するものも。

飛び出した釘やカッターなどで手や指を切る事故も多い。写真／By FaceMePLS

チェーンソーで指を切断したら

農機具や木材加工機具を使った作業には、切断事故のリスクが付きまとう。作業者たちが細心の注意を払っても、ふとしたはずみで事故は発生する。もしも作業中、チェーンソーで指や手を切断してしまったら……。何はともあれ、出血を止めないとマズい（124ページ参照）。何とか危機を脱したとしても、手は完全に切断された状態。片手を失ったまま生きていくのか？

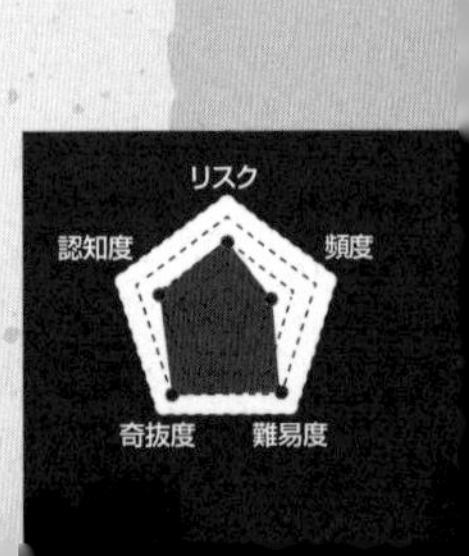

指を生理食塩水に漬けろ

サバイバル術

腐らさないように保存すべし！

　実は、あきらめる必要はない。というのも、切断した指や手は手術によって接合し、元に戻すことができるのだ。切断指・肢再接着術は、日本では年間約6000件行われ、接着率は85～96％にのぼるという。

　だが、無事手術を受けるためには、必ずやらなきゃいけないことがある。切断された部位を、すぐに生理食塩水に漬けることだ。これは、組織の腐敗を防ぐため。生理食塩水を浸したガーゼに切断した手を包み、ビニール袋に入れるといいだろう。さらに、氷の入ったビニール袋を別に用意し、切断した手を間接的に冷却しながら、一刻も早く病院の手術台へ。

　無事手術を受け、麻酔から覚めたときには、もう手は元通りになっていることだろう。

切断指・肢再接着術は、1960年代に臨床に応用された。by FaceMePLS

衣料用漂白剤や排水パイプ用洗剤に塩素系、トイレ用洗剤や浴室まわり用洗剤に酸性タイプが多い。写真／By adria.richards

緊急事態発生!!

洗剤を混ぜて有毒ガスが発生したら

事務用品、化粧品、台所用品、家具……。身近な生活グッズは、実はどれも命を脅かす危険を秘めている。これらの製品には化学物質が使われており、火事が起こると有毒なガスを発生させる場合があるのだ。

中でも、家庭用の酸性洗剤と塩素系洗剤は危険極まりない。混ぜるだけで塩素ガスを発生させる。「混ぜるな危険」と表示された洗剤を、もし誤って混ぜたら……。

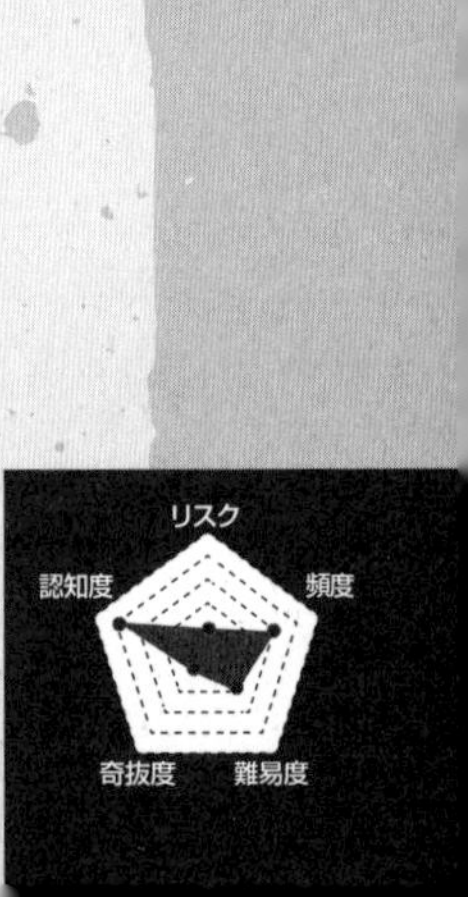

LEVEL 4

衣服や皮膚への付着に要注意！

塩素ガスが発生したら、ただちにその場を離れ、風通しのいい場所に移動すべし。塩素ガスは皮膚粘膜を腐食させ、激しい火傷を引き起こす。さらにガスを吸ってしまうとただちに中毒症状が現れ、手足は動かなくなり意識不明の重体に。

　幸い、ガスを吸い込まず外に出ることができたら、皮膚や目に付着したガスを15分以上かけて洗い流そう。その際、水道水をケチらず、目いっぱい蛇口を開いて勢いよく水を出し、一気に洗い流すこと。中途半端な流水では完全に取り去ることができない。もし有毒ガス付着による症状が現れたら、迷わず119番に電話を。

　ちなみに、発生現場としては換気のよくないトイレや浴室での事故が多いので要注意。

サバイバル術

風通しのいい場所に移動し目と皮膚を15分以上洗え!!

塩素ガスの他にも、一酸化炭素や青酸ガスの被害も多い。

日本の警察官が所持するのは、シリンダーに5〜6発込める回転式けん銃（リボルバー）だ。写真／By Jo Naylor

緊急事態発生!!

発砲されそうになったら

日本はご承知のように、銃器の所持が法律によって制限されている。ことけん銃となると、警察官、自衛官、麻薬捜査官などが職務に携わるときに携行するのみ。

そんな我々にとって、けん銃はなじみが薄いだけに、突き付けられたときの対処法はあまり知られていない。だが、日本での密輸けん銃による犯罪は増加の一途をたどっている。いつまでも対岸の火事ではいられない。

サバイバル術

ジグザグに走れ！

銃を前に静止するのは自殺行為！

銃を前にして心得るべきことは、絶対に〝楽な的〟になってはいけないということ。楽な的とは、静止した的のこと。ジッとしていると、確実に命中させられる。

もし、けん銃を持った相手が遠くからこちらを狙っているようならば、ジグザグに猛ダッシュして逃げよう。走って逃げる場合はもちろん、車両を運転している際も同様に。というのも、ジグザグで走るターゲットに弾を当てる確率は、約100分の4とも言われるほど命中しにくい。射撃経験の豊富なプロの軍人でも難しいのだ。

ただし、銃弾はどこに飛んでいくかわからない。標的にされているわけではないが発砲場面に遭遇したら、流れ弾に当たらないよう身を伏せるべし。

「大口径の銃は怖い」と思われがちだが、殺傷能力に関しては小口径銃の方が高い。

泥棒に気付かれないよう、息をひそめて逃げるべし。写真／By debrrr

緊急事態発生!!

家の中に強盗が侵入したら

ふと、妙な気配を感じて部屋の中をうかがったところ、見ず知らずの人間がまさに、室内を物色しているまっ最中……！

さて、ここからの出方が難しい。タイミングを図って飛び出し、問い詰めるのも手だが、相手が抵抗しないとも限らない。それに、もし刃物などを隠し持っていたとしたら……。対処方法を誤ると、命を落としかねない危機的状況だ。

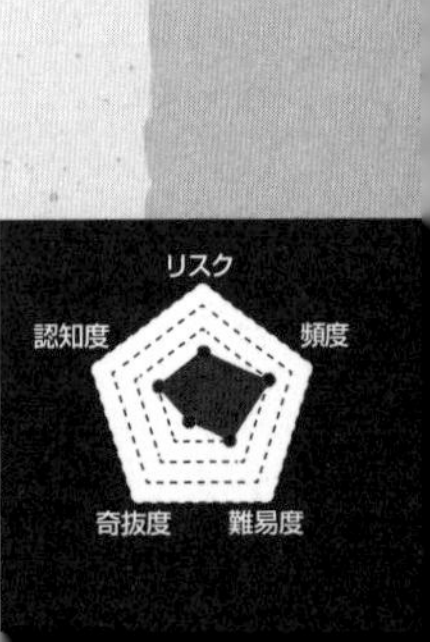

見つからないよう家の外に脱出!

大立ち回りなど絶対にNG!

昔の強盗は留守宅に忍び込むことが多かったが、現在は家に住人がいても堂々と押し入ってくる「居空き」が主流だ。連中たちとって、家の人に見つかることは想定範囲内。十分に心と態勢の準備ができたうえで、住居に侵入しているのだ。

発見された場合、すぐさま逃げ出す者もいれば、襲ってくる者も。こういう物騒な輩を相手に大立ち回りなど考えないほうが無難だ。

もし、物色中の強盗を発見したら、見つからないよう家の外に脱出。安全な場所に身を隠したら、携帯電話で110番するのがベストである。

なお、強盗は手入れが行き届いていない家＝侵入しやすい家と考えるという。家の周囲の整理整頓は、強盗からの自衛策になるのだ。

強盗に入られた家の70%近くが、玄関から侵入されている。

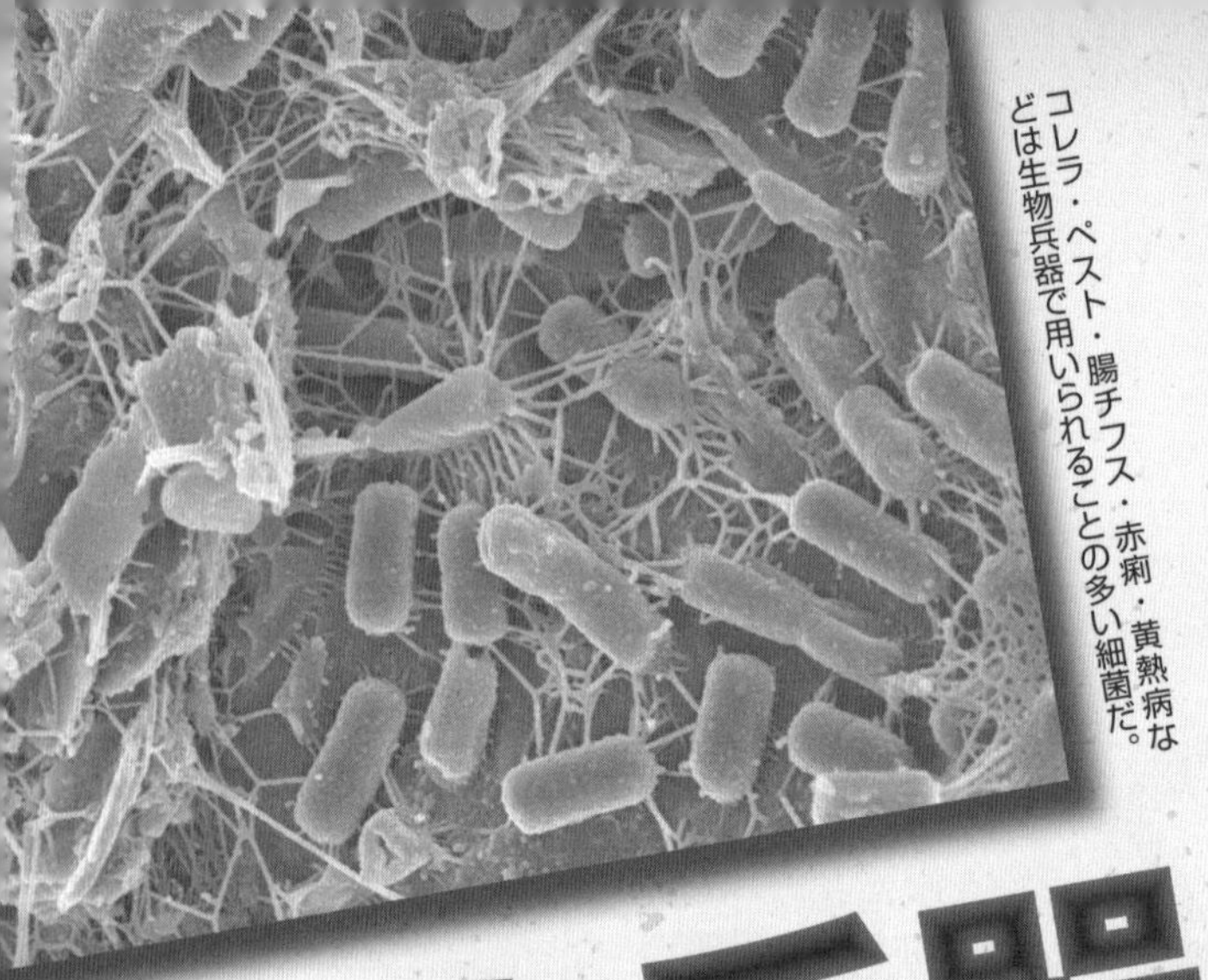

コレラ・ペスト・腸チフス・赤痢・黄熱病などは生物兵器で用いられることの多い細菌だ。

生物兵器が使われたら

緊急事態発生!!

生物兵器とは、有害な細菌やウイルスを散布し、生物を加害・殺傷しようとする兵器のこと。その歴史は古く、ヨーロッパではこれまでにペストやコレラなど流行性の病気が利用された。現在でも世界各国が保有し、コストと設備の関係で核兵器が保有できない国は、生物兵器の開発に力を入れているという。もしテロリストの手に渡ったら、おそろしい結果を生み出すことは確実だ。

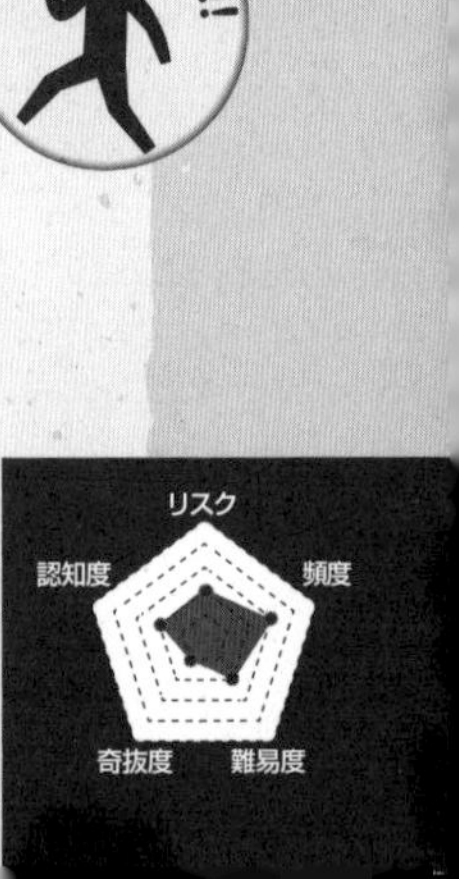

お湯と石けんで全身を洗え

どんな方法で来るかは不明……

人体に細菌やウイルスを感染させる場合、次のようなルートがある。①呼吸による空気感染。②食べ物や飲料による消化器感染。

テロリストが実行する場合、①は病原菌を散布すればいい。航空機による空中散布という仰々しいものでなく、高いビルの屋上から撒くだけでもこと足りる。また②の場合は、浄水施設に病原菌を投入すれば広げることができる。

サバイバル術

①の攻撃に対して、まず熱いお湯と石けんで全身を洗って除染する。そして、ガスマスクを装着したうえで、家の前に苛性ソーダ（水酸化ナトリウム）溶液を撒いて細菌の侵入を防ぐ必要がある。また、②の攻撃がなされたら、飲料水と食べ物に十分な煮沸消毒を行うべし。

生物兵器が散布されたら、頭皮からツメの間まで体の隅々をよく洗うこと。写真／By Kriskit♥

自動車はエンジンのある方から沈んでいく。
写真／By *Melody*

緊急事態発生!!

車ごと水中に沈んでも

車のスピードを出し過ぎてカーブを曲がり損ね、ガードレールをブチ破ってダイビング！　落ちた先が崖だったら、もはや命の保障はないが、河川や湖沼だったら希望を捨てるのはまだ早い。

　だがご承知のように、自動車は金属の塊。車種にもよるが、水中に転落した車が浮いていられるのは数分間。やがてどんどん沈み始め、グズグズしていたら車ごと水中に沈んでしまうぞ！

LEVEL 4

かなりの勇気を要するが……

車が水面にあるうちは、窓を開いて脱出可能。しかし水面に激突した際、電気系統に不具合が生じて窓が開かない場合も考えられる。しかも、この時すでにドアは水圧のため開かない状態になっているはず。車の窓はかなり頑丈に作られているので、そう簡単に割ることはできない。

窓が開かなくなった場合は、車両内が浸水するのを待つべし。というのも、浸水するとドア内外の水圧差が小さくなり、ドアが開く可能性があるのだ。この頃には、水面がだいたい胸か首あたりまで来ているはず。ドアが開くことを確認できたら、大きく息を吸い込み脱出だ！　ただし、この方法は車両内がみるみる浸水していくのをジッと耐え待つわけだから、かなり胆力がいる。

サバイバル術

浸水するまでガマンしたらドアが開く可能性も

窓ガラスが開いている場合、一気に浸水するため沈むのも早い。

冷静に待つ！
今だっ！
大きく息を吸ってネ！

高層ビルの近くにいるときに大地震が起きたら、とにかく落下するガラスの破片に注意すること。写真／By ajari

高層ビルの中で大地震が起きたら

緊急事態発生!!

「いつ来てもおかしくない」と言われる東海地震や、マグニチュード7クラスが予想される首都直下型地震。もし、高層ビルの中にいるとき、大地震が発生したとしよう。高い建物だけに揺れは激しい。震度が小さくても、数分間もの間、横揺れを感じる場合もある。中高層階にいたらなおさらだ。揺れの大きさに起因する恐怖感はなかなか拭えない。より安全な場所へと避難したくなるのは人情だが……。

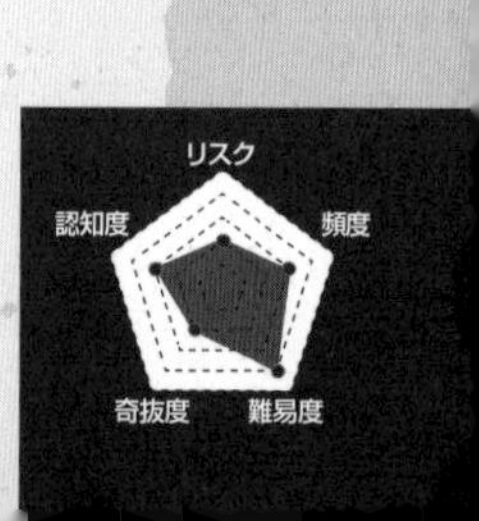

エレベーターホールに直行しろ

部屋の中＜廊下＜エレベーターホール！

案ずるなかれ。日本のビルの耐震技術は、世界でもトップレベルの水準。設計と建築段階で不正工事さえ行なわれていなければ、大地震の際でも十分に安全だ。また、近年のマンションや高層ビルは免震構造に優れ、大地震に強いと言われる。

そんな高層ビルの中でも、より安全な場所がある。それが、エレベーターホールだ。実は、この場所にはビルの中で一番、大きくて頑丈な柱が通っている。そのため周囲に比較して幾分、揺れも小さい。

また、地震で怖いのは落下物。部屋の中で、きちんと固定されていない計器は、地震が起きた瞬間、凶器となって落ちてくるだろう。そのため、意外にも計器などがあまりない廊下の方が、部屋の中よりも安全なのだ。

エレベーターホールには建物の中心となる柱が通っている！

1961年、アメリカのニューハンプシャー州に住むヒル夫妻は「宇宙人に誘拐されて、身体のあちこちを調べられた」と証言した。写真／By Markusram

宇宙人と遭遇したら

緊急事態発生!!

地球人以外の生命体、つまり宇宙人は存在するのか？　2009年8月の英国防省の発表によると、1981年から1996年にかけて記録・保管された未確認飛行物体の目撃情報は、なんと約800件にもおよぶという。また、研究者の中には、「多数の宇宙人が地球に来ている」と断言する者も。そうだとすると、これから1時間後にバッタリと出くわしても不思議ではないが……。

LEVEL 4

サバイバル術

歩み寄れ!

冷静沈着に構え、フレンドリーに接しよう

宇宙人に遭遇したからといって、パニックに陥ってはいけない。こちらが怖がると相手も怯え、互いに歩みづらくなる。

ここで、「侵略者ではないのか?」という危惧は無用。相手は宇宙を航行する技術を持っている。

もしも、地球侵略の魂胆があるなら、宇宙空間から問答無用とばかりに地球を攻撃するに違いない。だがそうではなく、宇宙船を駆って、地球まではるばるやって来たのだから友好的な出方をするはず、と信じてフレンドリーに接するべし。

ちなみに、遭遇ではないが、地球外知的生命の信号・形跡を発見した場合について、「発見者はすみやかに研究機関や国家の当局に通報するように」などの細かな対処法が、国際天文学連合の総会により定められている。

1948年、アメリカ・ニューメキシコ州のロズウェルで宇宙人の死体が見つかる「ロズウェル事件」が起きている。写真／ By Xbeckie boox

尻尾付近へのキック攻撃も効果的。

緊急事態発生!!

野犬が襲いかかってきたら

時折、「野犬が家畜を襲った」というニュースが新聞に載る。ペットブームで犬を飼ったはいいが、マンションへの引越しなどを理由に捨てられた犬が野生化し、人間社会に被害をもたらしているとか。山歩きや田舎探訪などがブームとなっている今、どこかで野犬に出くわさないとも限らない。襲われる前に戦うべきか、追い払うか、それとも逃げ出すべきか……正しい対処法はどれ？

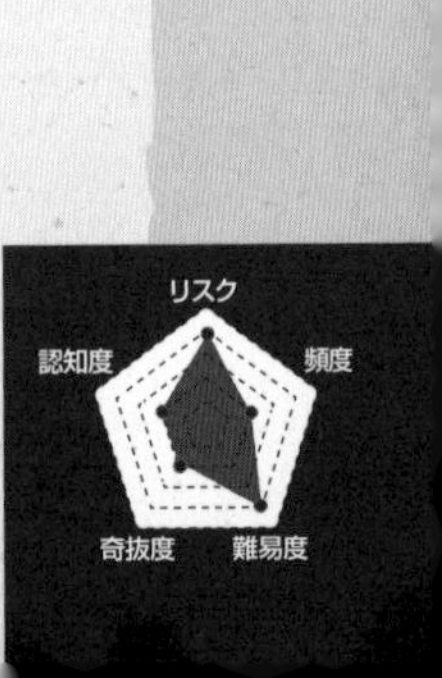

鼻先か下アゴを蹴り上げろ

サバイバル術

まず間合いをとって牽制し、スキを狙え!!

野生の動物は対峙した相手の恐怖心を見抜き、自分より弱い相手には容赦なく襲いかかる。もしも野犬に遭遇したら、ひるまずにらみ返すのが第一。手に物を持っていれば、攻撃の構えを取るのもいい。すると、野犬は危険を感じて襲いかかって来なくなるはず。武器がない場合は、細かく前蹴りを繰り返すことで野犬からの攻撃を牽制できる。こうすることで、間合いを保ち、ジリジリと距離感を広げていき、野犬が消えるのを待つのが基本となる。

だがもしも襲いかかってきた場合は、もっともスキがあり、ダメージが強い鼻先か下アゴを狙って蹴りを一発！　横を向いていたら、耳の下や横腹も狙い目。うまく一撃を加えられれば、犬のほうから逃げていくだろう。

格闘中に噛み付かれたら、狂犬病に感染していないか確認するため病院へ。

いざというときに動揺しないよう準備をしっかりしておくべし。写真／By flydime

近くの火山が噴火したら

緊急事態発生!!

世界的にも稀有な火山大国、ニッポン。狭い国土の中に、実に108にもおよぶ活火山があり、どこに住んでいても火山による被害は避けられない。ひとたび火山が爆発すれば、高温の火砕流や溶岩流、巨大な岩の直撃、あるいは地盤の変形などで甚大な被害が発生する。この自然の猛威を相手にするのは究極のサバイバルだが、この島の住民として何とかして生き延びたい……。

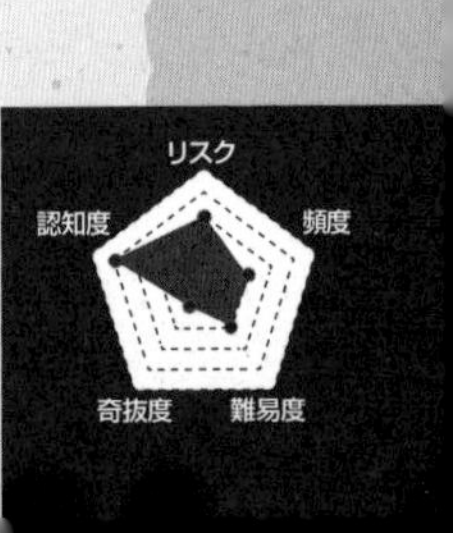

サバイバル術

「長袖・長ズボン」で避難！

避難する際は帽子やタオルも必携！

火山が噴火したらまずは避難することが先決だが、その際の服装に注意したい。火山の被害には熱によるものが多く、高温の落下物が大量に降り注ぐのだ。

これらによる怪我や火傷を最低限にするため、長袖・長ズボンが鉄則。最低でも帽子やタオル、できることならヘルメット、ゴーグルも装備したい。また、長引くであろう避難生活のため、あれこれと準備したいところだが、すみやかに避難すること。

火山の活動はある程度予想できるので、危険な地域に住んでいる人は日頃の訓練や避難経路の確認をすべし。

準備を怠った者の負け。巨大な岩を吹っ飛ばすほどの、火山の恐るべきパワーをあなどってはいけない。

避難生活が長期になっても、ある程度の物資援助は期待できる。

高齢者だったり、心臓に疾患がない限りショック死の可能性は低い。写真／By jetalone

氷の割れ目に落ちても

緊急事態発生!!

地域限定ではあるものの、氷上は言わば寒冷地独特の娯楽施設。しかし、この氷が割れて水の中に落ちるという、悲惨な事故も起こり得る。こうなると、急激な「寒冷ショック」に身体が即座に反応し、過呼吸、高血圧や心拍数変化を含む内科的反応が引き起こされる。また、このような状況ではパニックに陥りやすく、非効率な動きが低体温症や溺死に直結することも！

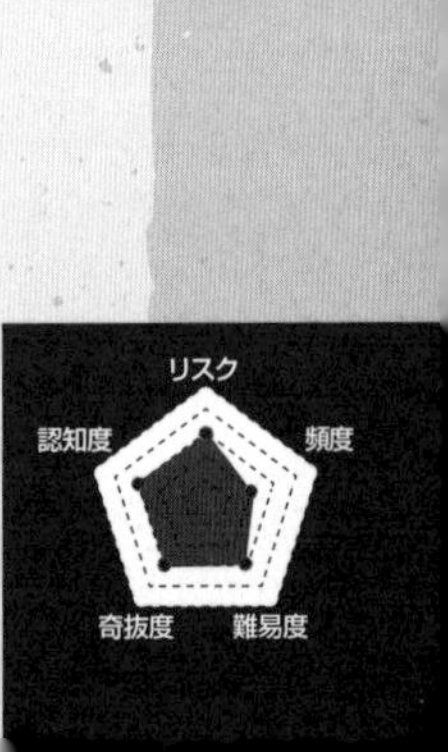

5分以内なら、氷上に顔を出せる力が残っている

頭を水に漬けなければ助かる確率アップ！

サバイバル術

氷が張るような冷水に落ちると、即座にショック死してしまうのではないかと思いがち。だが実際、そのような状況であっても、自分の体を水から引き上げるために必要とされる総合的肉体バランスやエネルギーが失われるまでに、2～5分間ほどの時間があるとされる。

したがって、落ち着いてスムーズに対処をすれば助かる確率は高い。ただ、寒冷ショックで一時的に過呼吸状態に陥ることが多いので、それが正常に戻るまで頭を水上に出して体を水に浮かすことに集中するべし。呼吸が正常に戻ったら、体を氷上に引き上げ、這うようにして氷の分厚い場所へ移動。もし意識不明に陥ったとしても、頭を水に浸けなければ助かる確率は飛躍的に上がる。

氷上に這い上がっても気を抜くな。確実に歩けるところまで這って進め！　写真／By langleyo

日本人はもっぱら斜めに切りつけるか体当たりで突いてくるが、アジア人は真横に首を切りつけてくるので注意。
写真／By Sebastian Fritzon

ナイフで暴漢に襲われたら

池袋や大阪・池田小、記憶に新しい秋葉原など、通り魔的な無差別殺傷事件はしばしば発生しているが、これらに使われた凶器はいずれもナイフや包丁。強盗殺人、怨恨による殺人でも、日本ではまだまだ拳銃より刃物が使われることが多い。刺された傷が深くまで達すれば、失血死や外傷性ショックなどで致命傷になる。相手が刃物で襲いかかってきたら、どう対処する？

サバイバル術

上着や週刊誌を腕に巻け!

ナイフを払いつつ逃げるスキをうかがえ

暴漢がナイフで立ち向かってきたら、まずは相手に間合いを詰めさせないことが重要。その場にあったコップやビンなど、なんでもいいから手に持って武器にしよう。投げつけて相手が一瞬でもひるんだら、そのスキに逃げたり、別の武器を探すなど次の一手に出ることができる。

もしも武器になるものが何もなくても、上着や週刊誌などを固く腕に巻けば、ナイフを払いのける盾の代わりになる。相手の腕が流れたり、ナイフを叩き落とすことができれば、すかさず相手の膝やすねに一撃を加えるべし!

しかし、これは少しでも腕に覚えがあればの話。素人は決して反撃を考えず、刃物からわが身を守ることだけを考えて逃亡のチャンスを図ろう。

外国の街角では、こうした事態に備えてあらかじめ100ドルくらいの現金を胸に入れ、渡してしまうのも得策。写真／ By Black Scratchy Lines

雷が鳴り始めたら「金属類を外せ」……はウソ

少し前までは、「雷が鳴り始めたら、身に付けている金属類はすべて外して捨てろ」と言われてきた。しかし実際、金属の有無に関係なく、雷が落ちるときは落ちるのだ。

落雷は、雷雲の静電気が地表の静電気に引き寄せられて起こる現象。つまり、地表では金属やゴム製品でも静電気は発生するため、金属に落ちるというわけではないのだ。「ならば、外しても構わないのでは」と思うかもしれないが、雷が鳴り始めたら、むしろ金属類を外さないようにしたい。というのも、落雷したとき、雷の伝流の多くが金属に流れて、人体に流れる電流が減るのだ。実際、統計を見ても金属類を身に付けていた人の方が助かっている率が多いという。

正解は「金属類を外すな」

雷の音でショック死した事例があるので、心臓が弱い人は要注意。

LEVEL 5

こんなの無理でしょ!
生死の境をさまよう緊急状況

緊急事態発生!!

サメに襲われたら

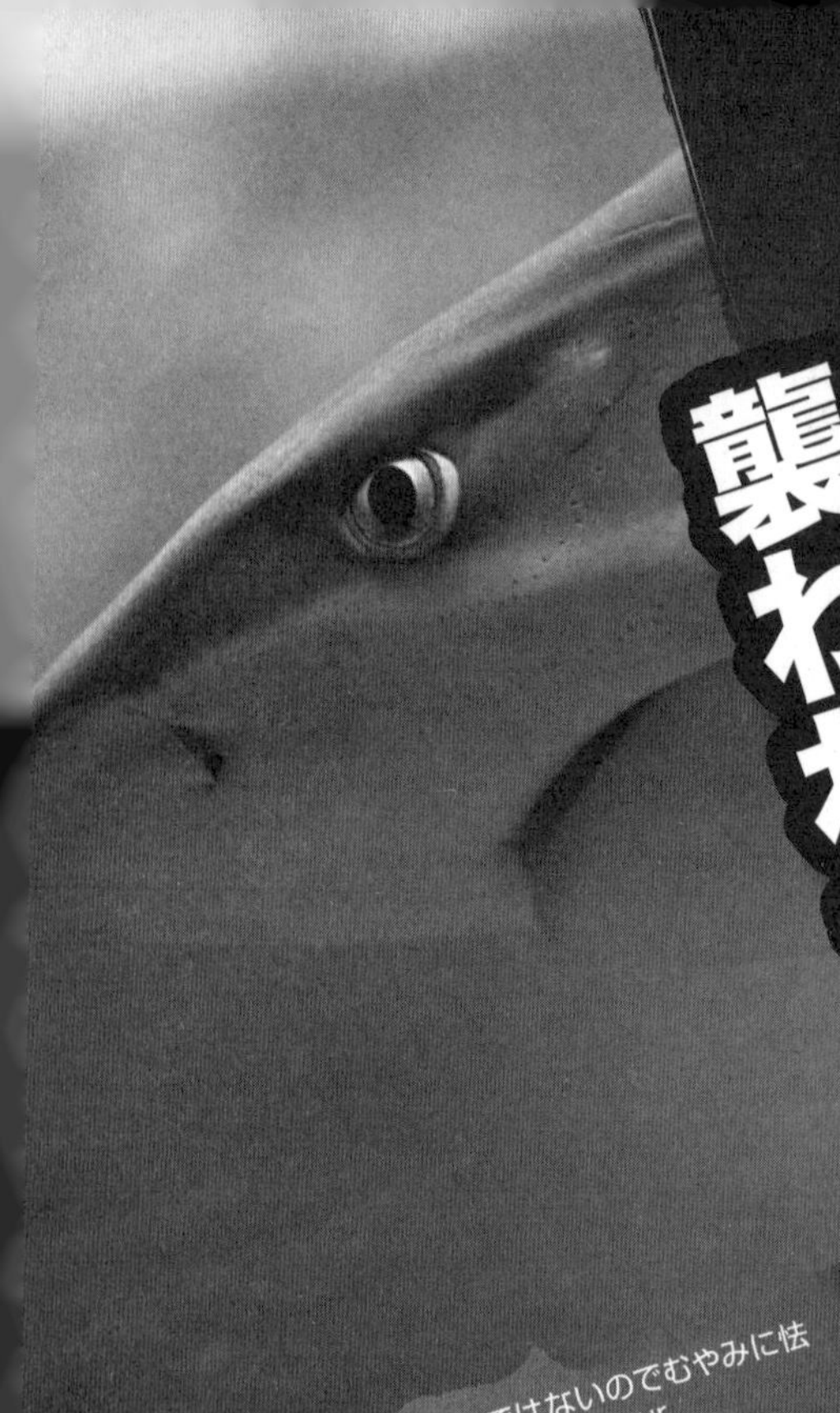

基本的にサメは人間が好物ではないのでむやみに怯える必要はない。写真／ By luc.viatour

獰猛なイメージのあるサメだが、ホオジロザメのように人に危害を加える可能性があるのは全体の1割。普通は人間だとわかっていれば襲ってはこない。だが、サーファーのウェットスーツやダイバーの足ひれをアザラシと見間違えて襲うこともあるとか。その鋭い歯とアゴで食いつかれ、海中に引きずり込まれたら最期。オーストラリアでは年間約1・6人がサメに襲われ命を落としている。

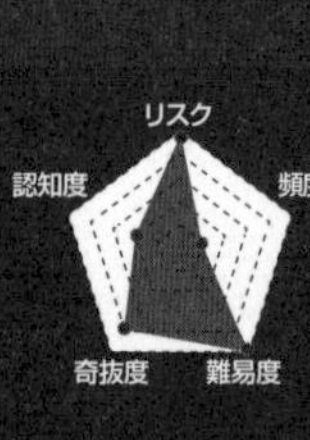

サバイバル術

鼻の頭を叩け

弱点の鼻、目、エラを殴って逃亡の機会を図れ！

海中でサメに遭遇しても、こちらをジッとうかがっているだけなら、落ち着いて何もしないほうが得策。あなたを食べ物かどうか見極めているだけの可能性が高いからだ。判断に迷っているようなら、そのスキに岩場や水面に上がって避難しよう。それでも運悪く攻撃してきたら、迷わず相手の鼻をありったけの力で殴るべし！　サメの鼻の頭はとても敏感で、刺激されると攻撃心を奪われ、戦意喪失するのだとか。それでもさらに攻撃してきたら、目やエラを狙って殴り続けよう。たとえ手足を食いちぎられても、海中に引きずり込まれてしまわなければ生き延びる可能性はある。あきらめずに、サメがひるんだスキをついて水面に上がるチャンスを作り出すのだ！

サメの前では死んだふりをしてもまったく効果なし！

緊急事態発生!!

走行中、車のブレーキが利かなくなったら

まれにブレーキを頻繁に踏み続けると、利きが甘くなる"フェード現象"が起こることも。写真／By PhotoDu.de

アメリカで2009年から2010年にかけて、ブレーキが利かない、勝手に加速するなどしてトヨタ車が暴走する死亡事故が発生、大規模なリコール問題に発展した。結局、事故のほとんどは運転者の人為ミスが原因だったようだが、もしも高速道路をかっ飛ばしていて、突然車が止まらなくなったら……？　猛スピードで壁にでも激突したら即オダブツだ。そんなとき、どうしたら助かるの？

壁に車体をこすりつけろ

使えるブレーキはすべて使って減速に持ち込もう

まずは落ち着いてシフトダウンさせていき、エンジンブレーキで速度を落とすことを考えよう。ある程度減速したら、サイドブレーキをじっくりゆっくり利かせていく。このとき、ドライビング・テクに自信があればサイドターン（サイドブレーキで車をスピンさせてターンする）で車を止めてもOK。それでも止まらなければ、最悪の手段として縁石・ガードレールや壁に、車体をガリガリとこすりつけて止まらせるしかないだろう。

ちなみに、アメリカでのトヨタ車事故のように、エンジンの回転数が上昇して勝手に加速していく場合には、エンジンを切ってキーの位置をACCかOFF（ハンドルロックしない位置）にしてから、ブレーキを強く踏み込んだほうがよさそうだ。

サバイバル術

車の多くはブレーキラインを2系統に分けて設計されているので、両方いっぺんに壊れることはほとんどあり得ない。

緊急事態発生!!

遭難して無人島に流れ着いたら

3本の煙の間は、十分な間隔を空けて離さないと、遠くからは認識してもらえないぞ！
写真／By ciccioeneo

もしもあなたが、船などの海難事故で無人島に流れ着いてしまったら……。荷物は流され、食料も水も一切ない絶望的な状況。一刻も早く助けを呼ばないと、野たれ死にを待つばかりだ。たまたま運よく大型船が通りかかったとしても、手を振っただけでは気付いてもらえないし、もしも気付いたところで、「楽しそうに手を振ってるな～」と思われたら一巻のおしまい。こんなとき、どうする？

SOSを表す3本の煙を上げろ

サバイバル術

遠くからでも認識できるシグナルを発信せよ！

無人島に流れ着いてしまったら、しばらくの間生き延びるサバイバル術は不可欠だ。だが、それ以上に必要なのは、いつやってくるかもしれない大型船や救援機が通りかかった際、確実に自分の存在を知らせ、助けてほしいと伝えることである。

そんなときは、タイヤや流木などを燃やして煙を3本立ちのぼらせれば、それが「SOS」を表わす信号となる。また、「SOS」を表わすモールス信号「トトト・ツーツーツー・トトト」は世界共通。このリズムを懐中電灯の点滅や、鏡の反射などで遠くの船や飛行機に伝えることができれば、異常を察知して助けに来てくれるかもしれない。わずかなチャンスに賭けて猛アピールをしよう。

鏡の代わりにCDもシグナル・ミラーの代わりになる。ライターと懐中電灯、CDはつねに所持すべし!?　写真／By pfala

緊急事態発生!!

アメリカ旅行中に大きな竜巻に遭遇したら

猛烈な風で窓ガラスや建材などはもちろん、大木を根元から吹きとばしたり、車や建造物をひっくり返すことも。写真／By ya.zan

アメリカでは、年間1000個以上の竜巻が発生し、50人ほどが暴風による飛散物が原因の脳挫傷などで死亡している。とくに竜巻被害が多い中部では、数百名の死者を出し、町全体が壊滅状態に陥るような巨大竜巻がしばしば発生している。時には時速100キロ以上の猛烈なスピードに達する巨大竜巻。もしもアメリカ旅行の最中に遭遇してしまったら、いったいどうすればいいのだろう?

竜巻のルートを読み取り、逃げ道を探せ!

正確な発生予知や進路予測が難しい竜巻だが、アメリカでは比較的その観測・警報システムが進んでいる。そのため、突風が予測されている地域では気象情報に注意し、近くで竜巻が発生したら、決して外出せずに進路動向を見守るのが最低条件だ。

それでも外出中や旅行先で偶然竜巻に出くわしてしまったら、落ち着いて進行方向を観察し、すみやかにそのルートから遠ざかろう。また、竜巻は地上にあるものを上から吸い上げるため、万が一直撃を受けてしまったときは、地下室を備えている建造物(多発地帯では避難シェルターを設けている家が多い)や、最悪、橋げたの下などに避難して、竜巻が通り過ぎるのをじっと耐え忍ぶしかない。

頑丈な建物の地下か橋げたの下にしがみつけ!

サバイバル術

屋内にいる場合は窓・シャッター・カーテンを閉め、できるだけ家の中心(または地下室)で机の下に身を潜めよう。by Ryan-o

緊急事態発生!!

パラシュートが開かなかったら

手足を広げれば空気抵抗で時速200キロより落下速度が上がることはない。写真／By divemasterking2000

上空数千メートルからパラシュートひとつで空を舞うスカイダイビング。しかし、まれにパラシュートが開かないまま地上に落下してしまう死亡事故を耳にすることがある。猛スピードでみるみる地表に向かって落ち、地面にたたきつけられる恐怖は想像を絶するが、身ひとつで上空に投げ出されてしまったなす術のない絶望感の中、少しでも生き延びる可能性を高める方法なんてあるのだろうか？

手足を広げ空気抵抗で落下速度を落とせ

サバイバル術

衝撃を和らげるためできることは何でもやる！

パラシュートが開かない原因としては、パラシュートを引くグリップが見つからない、固くて引けない、届かない、畳み方が悪かった、パラシュートを開かせるための小さいパラシュートが絡まってしまった、などが考えられる。

パニックにならず冷静にその原因を取り除き、ダメなら予備のパラシュートに切り替えよう。

万が一、予備も開かないという天文学的な不運に見舞われてしまったら……。そのときは、手足をなるべく大の字に広げて空気抵抗を大きくし、少しでも落下の速度を落とすしかない。葉の生い茂った木々や深い積雪のある場所を目指すなど、衝撃を和らげるためにできることは最後まで悪あがきしよう。

タンデムの場合、初心者がパニック状態に陥り、インストラクターが適切な処置をとれずに落下することも。写真／divemasterking2000

緊急事態発生!!

海外で誘拐されたら

目標や行動計画といった自己管理に努めるなど、自分を自分の支配下に置こう。写真／By cyberuly

海外で日本人が組織的な拉致・誘拐事件に巻き込まれるケースは後を絶たない。イラク戦争後は、イスラム原理主義組織による日本人拉致事件が連続して発生し、1人が殺害された。言葉の通じないテロリストに監禁され、自分ではどうしようもできない交渉の人質にされる恐怖は想像を絶する。

　こんなとき、少しでも生き延びる可能性を高めるには、どうすればいいのだろうか。

解放の可能性を少しでも高めろ！

まず大切なのは、犯人に抵抗するそぶりを見せず、決して逆らわないこと。こみ上げる恐怖を抑え、冷静に感情をコントロールするために、可能なら日記をつけたり、空想の世界に逃げ込んでもOK。

また犯人は、人質を身代金や政治交渉の道具としか見ていないことが多い。そこで、自分も犯人と同じ血の通った1人の人間であり、決して危険な存在ではないということを伝えよう。家族や自然や人々を愛する人間味のある存在であることをアピールできれば、犯人との間に徐々に人間関係をつくることができる。

もし少しでも相手の情に訴えることができれば、扱いや態度も軟化して、解放の可能性がちょっとずつ高まるかもしれない。

サバイバル術

犯人に好かれろ。人質は単なる交渉道具に過ぎない

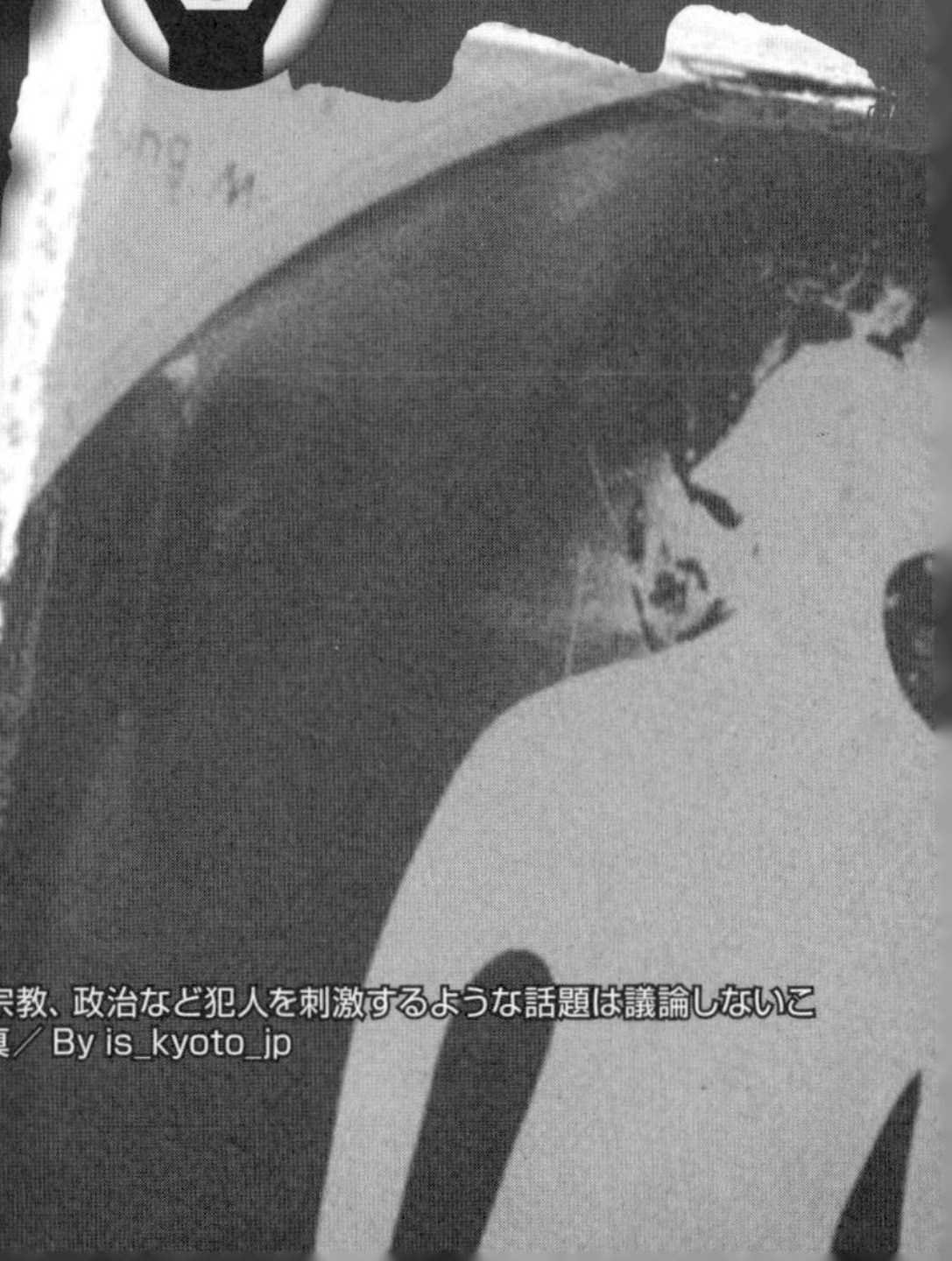

思想、宗教、政治など犯人を刺激するような話題は議論しないこと。写真／By is_kyoto_jp

緊急事態発生!!

雪山で雪崩に遭遇したら

なるべく雪崩の表層を目指し、手足や装備品を地上に突き出せば、発見の可能性は飛躍的に上がる。写真／By Joeycore

たとえ整備の行きとどいたゲレンデでも、「立ち入り禁止」の区域に足を踏み込んでしまい、雪崩に巻き込まれるというパターンは多い。雪に埋もれて窒息してしまうと、35分後の生存率は30%しかない。また、低体温症に陥ってしまうと、埋まってから2時間後の生存率はほぼ0%。雪崩に巻き込まれたら一刻も早く発見・救助してもらわないと命はない。さあ、どうすれば生き延びられる?

サーフィンのように雪をかき分け表面に浮かべ！

雪崩が押し寄せてくるまでに余裕があれば、横方向に逃げるのが基本。間に合わずに巻き込まれてしまったら、立ち泳ぎやバタフライの要領で雪の流れに乗って〝泳ぐ〟ことで、少しでも雪崩の表面に浮かび上がれるように埋まらない努力をしよう。

その後は、窒息を避けるために顔を守るのが最優先。雪崩が完全に止まる前に、ひじで三角形を作って口の周りに空間を作り、できるだけ空気をためるようにする。身動きがとれず、自力での脱出は困難と判断したら、口の周りの雪を少しずつかき分け、あとは酸素消費を抑えるため、無駄に動かずじっとしていよう。しかし、すぐに発見・救助してもらわなければ、低体温症による死から逃れる術はないのである。

流れに乗ってバタフライ！

サバイバル術

雪に埋もれると上下の感覚もなくなる。口にツバをためてみれば、自分の体の向きがおおよそわかる。写真／by kaoruokumura

緊急事態発生!!

飛行機が墜落しそうになったら

飛行機事故の発生は、離陸後の3分間と着陸前の8分間に集中すると言われる。写真／ By Radio Nederland Wereldomroep

一説によると、飛行機事故で死亡する確率は、8200年間毎日飛行機に乗り続けて1度あるかないか。これをもって、「飛行機はもっとも安全な交通手段」なんて言う人もいる。だが、いざ墜落事故を起こしたときの生存率の低さは絶望的。墜落時の衝撃の前には、どんな対策をとっても無駄だと思うのだが……。それでも、少しでも生存率を高める方法があるなら、ぜひとも知っておきたい！

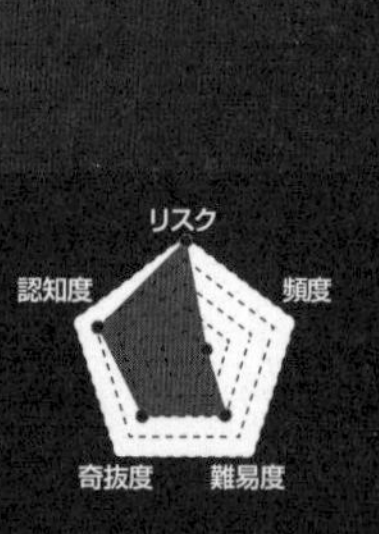

座席シートの形にぴったり収まらないとバラバラ死体！

墜落事故での生存条件は、正直なところ運としか言いようがないが、衝撃を少しでも和らげるためにできることはある。まず、シートベルトはお腹ではなく骨盤の位置でしっかりと固定し、非常時にはベルトと体の間に毛布や枕、バスタオルなどをはさむこと。というのも、実際の事故現場ではベルトが糸ノコのような凶器となり、体がまっぷたつにちぎれた遺体が数多く発見されたらしいのだ。また、足は正座かあぐらの姿勢を取り、頭を低くして座席シートの中にすっぽり収まろう。シートからはみ出ていると、それだけつぶれた機体で頭や足が切断される危険性が高い。墜落時の衝撃は計りしれない。なるべく小さくなって祈るしか術はないのだ。

あぐらをかいて頭を低くしろ！

サバイバル術

奇跡的に生存したのは体が軽くて軟らかい赤ちゃんであることが多い。写真／By WexDub

緊急事態発生!!

ハイジャックに巻き込まれたら

事件発生後も、犯人の仲間が乗客の振りをしている場合もある。写真／By Vlad Genie

ハイジャック事件にはさまざまな背景があり、その結果も多種多様。アメリカ同時多発テロのように、乗っ取られた旅客機ごとビルに突っ込まれると手の施しようがない。だが、多くのケースには危険回避のために押さえるべきポイントが存在する。

ただし、事件の展開によっては命を奪われる可能性大。犯人グループと突入部隊との銃撃戦に巻き込まれるおそれもあるので、細心の注意が必要だ。

LEVEL 5

交渉や説得は論外。とにかく目立つな

事件に巻き込まれたら、とにかく目立たないようにすること。犯人と目を合わせることも避ける。仮に犯人が単独犯で無防備だったとしても、交渉や説得はやめておく。もちろん、攻撃もNGだ。ハイジャック事件は綿密に犯行計画が練られることが多い。当てのない行動は禁物だ。

犯人を第一の危険とするならば、第二の危険は警察機関の突入部隊である。当然、部隊は武力制圧に出る。つまり、弾丸が飛び交う展開になる可能性もあるのだ。ここで下手な行動を取ると犯人と間違えられ、射殺されかねない。指示があるまでは絶対に動かないことだ。また、部隊突入の際に音響閃光弾や催涙弾などの兵器が使用されることもあるので、それらにも留意すること。

サバイバル術

犯人だけでなく突入部隊に狙撃される危険も想定せよ！

ひたすら低い姿勢を保ちつつ、飛んでくる兵器にも気を配れ！
写真／By bigpresh

緊急事態発生!!

手榴弾を投げつけられたら

手榴弾を認識したらすぐさま逆方向にダイビングヘッド！　写真／By The U.S. Army

日本で普通に生活していれば、まず遭遇しない事態だが、万が一このような場面に直面したら……。

ハッキリ言って、無事でいられる可能性は限りなくゼロに近い。マンガなどでよく見かける「拾って投げ返して相手をドカン」などという展開は実際には不可能。よって、できるだけ致命傷を受けないような対処をするしかない。それでも、「命があれば儲けもの」程度の確率になるのだが——。

逆方向にダイビングヘッドして、できるだけ遠ざかれ

爆発するまでわずか1秒。反射的な行動がカギとなる

手榴弾はピンを抜いて3～4秒後に爆発する仕組みになっている。また衝撃では爆発しないので、理論上は投げられたらすぐ拾ったり蹴ったりして、相手に返すこともできる。

だが、手榴弾を使う者はだいたいピンを抜いてから2秒ほど待って投げつけるので、そんな余裕はない。しかも実際、強烈な殺傷能力があるのは爆発した後、四方八方に飛び散る金属片。つまり手榴弾を投げつけられたら、できるだけ遠ざかるしか手はないのだ。

ただし、遠ざかるだけでは足りない。手榴弾に足を向け、伏せることで致命傷を防ぐ必要もある。よって、手榴弾とは逆方向に、伏せつつ距離を稼ぐ「ダイビングヘッド」をするしか手はないのだ。

瞬時に対応できるかどうかが運命の分かれ道だ。写真／By Nevada Tumbleweed

緊急事態発生!!

万が一の核爆弾投下に備えて

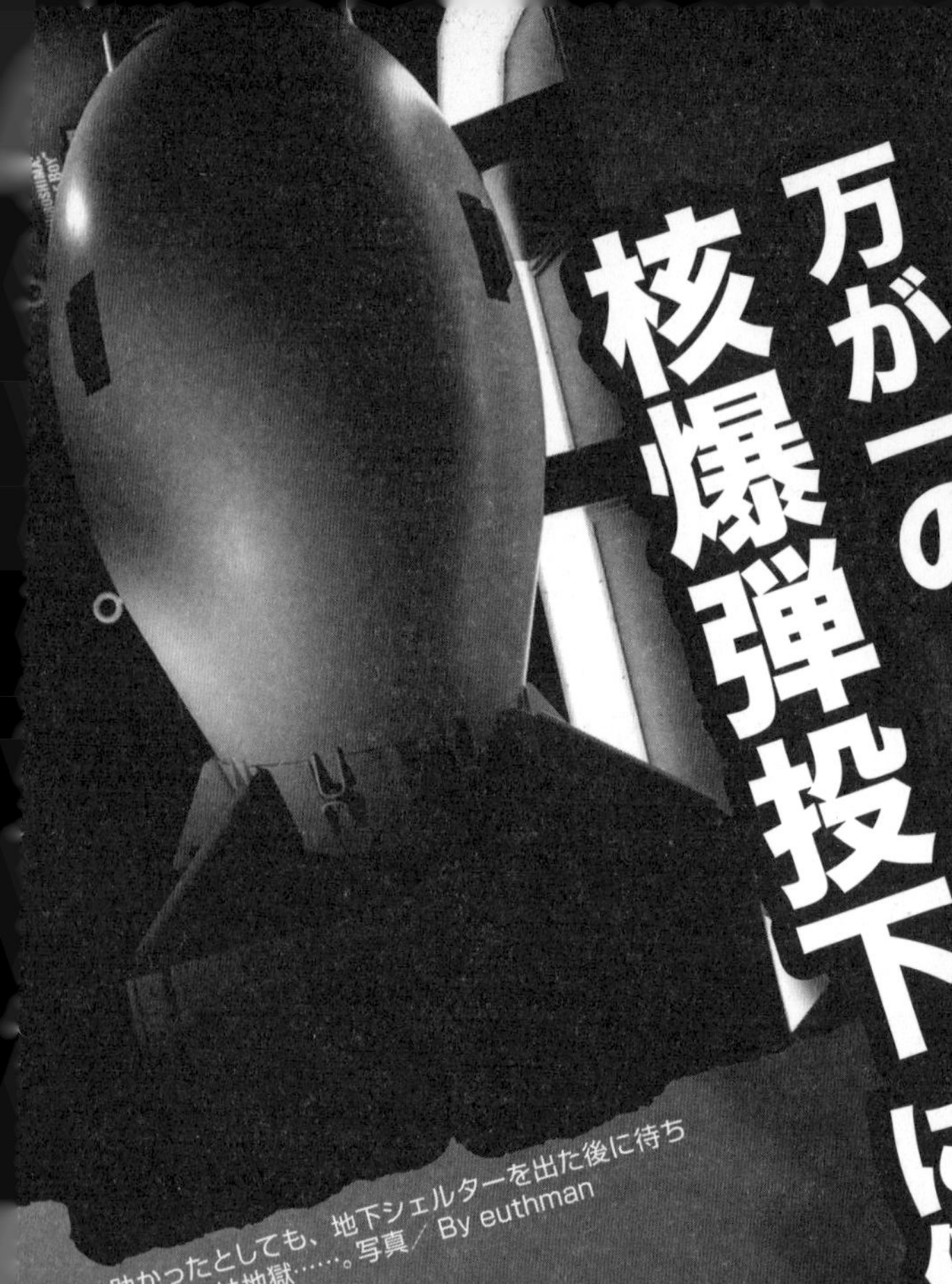

助かったとしても、地下シェルターを出た後に待ち受けるのは地獄……。写真／By euthman

これこそ「究極のサバイバル術」と言えるだろう。考えたくもないが、近年の紛争を考えると核爆弾投下も現実問題として捉えなければいけない。

核爆弾が落とされたら、広島や長崎と同等、あるいはそれ以上の被害になることは確実。地球終焉ともなり得る状況下で、どんな対処をしても無駄あがきにすぎない。だが、この世に生を受けた以上、生き延びるために最大限の努力をすべきだ！

LEVEL 5

「死の灰」から身を守るためには

爆心地周辺にいたならば、助かる可能性はゼロ。だが、ある程度距離がある場合は、まず第一段階として熱や爆風、第二段階として「死の灰」と呼ばれる放射性降下物から身を守ることになる。

避難先は地下シェルターが理想。核爆弾を想定して造られたシェルターの場合、熱や爆風はもちろん、放射能も約9割は遮ることができる。

爆発後、放射能の量は7時間ごとに10分の1に減少すると言われる。シェルターで数日じっとしていれば、助かる確率は上がるだろう。

地下シェルターは、収容人数数千人規模のものから、家庭用の小型のものまである。万が一のときに備えて、逃げ込めるシェルターを事前に確認・確保しておこう。

サバイバル術

避難できる地下シェルターを確保しておけ

地階がある場合は、もっとも深い場所のできるだけ隅に避難する。写真／By yamataka

爆弾テロに巻き込まれたら

爆発現場ではなく、そこを中心としたエリアから脱出することを心掛けるべし。写真／By Wesley Oostvogels

爆弾テロは、日本では頻発していない。だがそのぶん、海外と比べて国の対応も甘く、ある意味ターゲットとなりやすい。

また、無差別テロは、文字通り見境なく我々のごく普通の日常がターゲットになる。つまり、誰もがそのような事態に遭遇する可能性があるのだ。

テロが起きた場合、仮にもスクープ映像を撮ろうとしたり、興味本位で見物したりしようものなら、命はないと思うべし。

すぐにその場を離れないと第2・第3の爆発に巻き込まれる危険も!!

サバイバル術

目的は不特定多数の殺傷 爆発は一度と思うな

もし近くで爆弾テロが起きたら、すみやかにその場から離れること。最初の爆発がおとりとなり、駆けつけた警官隊などを殺傷する目的で第2、第3の爆発が発生する可能性も。そのため、爆発現場と言うよりもそのエリアから一刻も早く逃げ出すことが重要である。

また、次の爆発が同じ場所で起こるとは限らず、避難する一般市民がターゲットとなるケースも考えられるが、そこはもう運しかないだろう。その場合、狙われる可能性の高いのは、ガラスなどによる二次被害が起きやすい場所。その点にも注意しながら、落ち着いて避難すべし。また、爆弾に生物兵器が仕込まれている可能性も考慮すること。（168ページ参照）。

爆弾に生物兵器が仕込まれている可能性大。気を配って避難すること。写真／By Lars Plougmann

緊急事態発生!!

エレベーターが落下したら

エレベーターには非常用装置が設置されているが、過信してはいけない。写真／By country_boy_shane

エレベーターのワイヤーには、定員重量の10倍以上にあたる強度が義務付けられている。また、3本以上あるそのワイヤーがすべて切れてしまうことは極めて稀。仮に切れたとしても、非常用停止装置が設置されており、油圧ダンパーなどの緩衝器も働くので、地面に直接叩きつけられるケースはそうそうない。

　だが思わぬ欠陥があり、エレベーターが落下する可能性もゼロではない。

縦の衝撃には耐えられない 横になって衝撃の分散を

突然、エレベーターが落ち出したら、即座に体勢を変え、中心付近で寝そべるべし。この時、体と床面をできるだけ水平に保つように。立ったままの体勢で縦方向に衝撃を受けるのは、極めて危険だ。横になることで衝撃を分散して吸収した方が、はるかに生還率は上がる。

また、衝撃により天井から照明等の器具が落下するおそれもあるので、洋服や鞄などで頭と顔はしっかり保護する。地面に激突する瞬間にジャンプすれば衝撃を受けないのでは、という考えは甘い。衝突の瞬間に身体が空中に浮いたとしても、慣性の法則により同じ落下速度を保ったまま床面に着地することになる。そもそも、エレベーターの中で衝突の瞬間を正確に察知するのは困難だ。

中央で寝そべるべし

ジャンプで衝撃を避けられるという発想は、TVゲームの中だけの話。

緊急事態発生!!

銃を持った男が車に乗り込んできたら

凶悪犯に乗りこまれたら、すぐにドアロックをして発車、激突しろ！　写真／By Gideon Tsang

突然、男が車に乗り込み、銃を突きつけて「車を出せ」と脅される……映画でよく見かけるシーンである。

では、映画の中で、運転手はどのような運命をたどるのか？

目的地に到着して解放されるパターンは稀。お役御免とばかりに射殺されてしまうケースがほとんどだ。罪を犯し必死に逃亡する犯人が、顔を合わせた相手を黙って帰すわけがない……。

LEVEL 5

急発進して壁に突っ込め

エアバッグに望みを託して犯人に大きなダメージを

次に紹介する方法は、車の中は自分と犯人のみ、かつ車にエアバッグが装備されている場合に限る。それでも、犯人が複数乗車の車を狙う可能性は極めて低く、現在ではほとんどがエアバッグ装備車だ。もし、犯人が車に乗り込んで銃を突きつけたら、まず車を急発進させるべし。突然のことに犯人がひるんでいるスキに、車を壁や電柱などに衝突させる。このとき、自分の身は運転席のエアバッグが守ってくれるが、犯人は大きなダメージを受けるはず。とくに後部座席に乗り込まれた場合に有効だ。

車を衝突させたらすぐに車を脱出し、逃走する。仮に犯人が軽傷で済んだとしても、相手は一刻も早く追手から逃げたいはず。この場面で深追いするようなことはないだろう。

サバイバル術

エアバッグ未装備車に乗っている人は、できるだけ早く買い替えよう。写真／ By skatoolaki

隕石が落ちてきたら

隕石落下の衝撃は、地球を破滅させるには十分すぎるエネルギーを持つ。写真／By kevinzim

隕石衝突のダメージについてはさまざまな見方があるが、直径10キロの隕石衝突で広島原爆の70億倍以上のエネルギーが発生するとも言われている。

　ここまで来ると、個人でどうこうというサバイバル術はまったくナンセンス。もはや、地球レベルでどう対処しようかという問題だ。そのプロジェクトに参加する学者たちに対処策を考えてもらうとして、我々はただ祈り続けるしかない……。

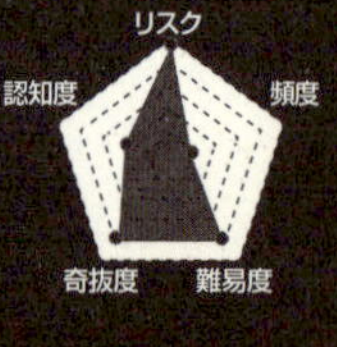

LEVEL 5

逃げるか迎え撃つかの選択
現在では後者の方が現実的

対策としては、「逃げる」か「迎え撃つ」かの二者択一となる。隕石衝突をテーマとした映画でもこの2パターンがあるが、現在では後者の方が優勢。逃げるにしても代わりとなる惑星がまだ見つかっていないのだから当然と言えば当然だ。

「迎え撃つ」にしても、いくつかに粉砕したあげく被害地を増やしたのでは意味がない。跡形もなくするには隕石の地中深くに爆薬を埋め込まなければならず、都合よく粉砕するのは極めて難しい。そうなると、隕石表面で核爆発を起こして地球から逸れるよう、軌道を変えさせるしかない。爆発のエネルギーに対する軌道のブレについて、計算が完璧にできることが絶対条件。一般市民はただ祈るのみだ。

サバイバル術

軌道を変えるしかない！

爆発のエネルギーで軌道を変えるしかないが、そんな技術があるのか？　写真／By kevindooley

緊急事態発生!!

これまでの方法がぜんぶダメでも

9・11テロでツインタワーから逃げ出した最後のひとりは、“誰かの声”に導かれて脱出経路を見つけたという。

本書ではこれまで、ありとあらゆる人生のピンチに対処する方法を紹介してきた。しかし、これらはあくまでも確率的に「助かりやすい」方法のひとつに過ぎない。じゃあもしも、決死の覚悟で取った方法に失敗したら？　どんな対処を試してもダメだったら？　矢尽き刀折れ、万策尽き果てても、それでも助からなかったら？　私たちはもう、絶望して死を受け入れるしかないのだろうか…？

あきらめたらそこで終了！生き延びてやると強く願え

雪山での遭難や災害現場など、死の淵から奇跡的に生還した人たちの中には、「いるはずのない誰かが〝あきらめるな〟と声をかけてくれた」とか、「誰かがそばにいて逃げ道を教えてくれた」といった不思議な体験をした人が少なくない。これは「サードマン現象」と呼ばれ、極限状況下で誤作動を起こした脳の幻覚・幻聴だと言われている。しかし考え方を変えれば、これは第六感とも言うべき、人間に残された「最後の切り札」なのではないだろうか。九死に一生を得た人間に共通していること、それは絶望の淵でも決してあきらめず、「絶対に生き延びてやる」という強い意志を持ち続けていたことだ。サバイバルの最大の武器、それは「希望」なのである。

サバイバル術

最後まで希望を捨てるな！

2010年にチリで起きた鉱山の落盤事故も、作業員の意志と執念が17日ぶりの全員生存・発見につながった。写真／By h.koppdelaney

COLUMN 勘違いサバイバル術⑤

LEVEL ⑤

津波に襲われたら「遠くへ逃げろ」……はウソ

2011年に起きた東日本大震災では、津波被害によって多くの人が命を落とした。その原因のひとつとして、津波に襲われたときの避難方法について、認識の誤りが指摘されている。当時、多くの人が海岸からなるべく「遠く」へ避難しようと、車に乗って距離を稼ごうとした。ところが、地震で崩壊した瓦礫や渋滞によって車は行き止まり、津波に巻き込まれるというケースが相次いだのである。

津波に襲われたら、とにかく「高さ」を意識して避難するのが鉄則だ。避難場所は高台や丘などが理想的だが、市街地の場合は建物でもいい。ただし、できるだけ近代的な建物であることと、津波の衝撃をダイレクトに受けない奥側に位置する建物に避難することが重要だ。

正解は「高い場所へ逃げろ」

小さい津波でも気を抜かず、すみやかにできるだけ高い場所に避難すべし。

主要参考文献

『21 世紀サバイバル・バイブル』著・柘植久慶（集英社）
『冒険手帳―火のおこし方から、イカダの組み方まで』著・谷口尚規、画・石川球太（光文社）
『新 冒険手帳―災害時にも役立つ!生き残り、生きのびるための知識と技術』著・かざまりんぺい（主婦と生活社）
『アウトドア・サバイバル・テクニック』著・赤津孝夫（地球丸）
『これだけは知っておきたいサバイバル術マル食入門―金欠サバイバルからレンジャー部隊の生存自活訓練までどんな状況でも食いつなぐための実践術』著・鈴木アキラ（山と溪谷社）
『民間防衛 新装版―あらゆる危険から身をまもる』編・スイス政府（原書房）
『図解 自己防衛（セルフディフェンス）マニュアル』編・目からウロコの編集部 家庭防衛軍（第三文明社）

主要参考 URL

『防衛省・自衛隊』
http://www.mod.go.jp/index.html
『国土交通省』
http://www.mlit.go.jp/
『一人暮らしの知恵!』
http://hitorikurasi.jugem.jp/
『おならの悩み解消館』
http://www.bndt358.com/benpi/
『YOMIURI ONLINE』
http://www.yomiuri.co.jp/
『楽しいセックスライフ研究所』
http://sex.lovelovelife.com/
『緊急事態対策マニュアル』
http://pitommy.info/
『地震対策あれこれ』
http://www.fotfot3.com/quake/
『那覇市 いい暮らしより 楽しい暮らしを』
http://www.city.naha.okinawa.jp/index.html
『現代ビジネス』
http://gendai.ismedia.jp/list/welcome
『ふじのくに　静岡県公式ホームページ』
http://www.pref.shizuoka.jp/index.html
『All About』
http://allabout.co.jp/
『パート・アルバイト .jp』
http://www.part-arbeit.jp/
『自然体験活動 QQ レスキュー隊』
http://www.jon.gr.jp/qq/index.html
『初心者 中級者のための水泳 スイミング関連豆知識』
http://swimwater.net/
『男性専用車両の必要性についての考察』
http://www.wichpack.com/
『自律神経失調症・うつ病ナビ ココカラ』
http://www.jiritunavi.com/
『睡眠障害をふきとばせ!』
http://suimin-syougai.com/index.html
『ウィキペディア』
http://ja.wikipedia.org/wiki/
その他、多くのまとめサイトやウェブサイトを参考にさせていただきました。

裏モノJAPAN4月号別冊
2013年4月1日発行(毎月1回1日発行)第16巻第8号　1999年1月11日第三種郵便物認可
AKB48のすべて暴く!
実話アイドルタブー
TETSUJINSYA
少女たちの
涙の裏に
何がある?
芸能界暴露マガジン
VOL.01
誰も書けなかった
AKB48
国民的アイドルの黒い真実
スキャンダル・AKB商法・マスコミ支配
メンバー間の確執・秋元康の正体・闇の歴史

テストの珍解答
500連発!!シリーズ
大好評発売中!!
シリーズ最新第4弾
全国の中間期末から集めた
テストの珍解答 500連発!! vol.4
問 次の文を和訳せよ
His dream came true.
彼の夢はカメを釣ることです
問『解体新書』の著者は?
問 この人物はだれか?
問 この漢字の読みは?
ビルを賃貸する。
大豆をにて食べる。
累計67万部!ベストセラー第4弾!
もう0点なんて
怖くない!!!!
シリーズ第1弾
爆笑テストの珍解答 500連発!!
勉強ぎらいな
あなたに送る
シリーズ第2弾
テストの珍解答 500連発!! vol.2
Amazon river is very dangerous.
0点とっちゃう
人の勝ち!!
シリーズ第3弾
爆笑テストの珍解答 500連発!! vol.3
Butter is made from milk.
累計41万部のベストセラー第3弾!
お近くのコンビニ・書店にてお取り寄せください。
店頭に在庫が無い場合は書店にてご注文いただくか
鉄人社online、またはAmazonなどのネット書店よりお求めください。
TETSUJINSYA
ALL ¥500円
www.tetsujinsya.co.jp (携帯・PC) 鉄人社販売部 03-5214-5971

最悪の状況を乗り切る100の方法
サメに襲われたら鼻の頭を叩け
2011年3月1日　第1刷　発行
2013年3月14日　第2刷　発行

発行人　稲村貴
編集人　尾形誠規
編集スタッフ　株式会社 G.B.（坂尾昌昭・山田容子）
本文協力　澤井一、菅野秀晃、森村宗冬、清水皐妃
イラスト　泉州 HIGE 工房
表紙＋本文デザイン　G.B.DESIGN HOUSE
発行所　株式会社　鉄人社
〒102-0074 東京都千代田区九段南 3-4-5
フタバ九段ビル４F
TEL 03-5214-5971
URL http://www.tetsujinsya.co.jp
印刷・製本　大日本印刷（株）

ISBN978-4-904676-14-1　C0076